国家社会科学基金项目资助（2

社会阶层视角下体育参与历程的健康效应研究

Study on the Health Effect of Sports Participation Process from the Perspective of Social Stratum

孙 卓◎著

中国财经出版传媒集团

经济科学出版社
Economic Science Press

·北京·

图书在版编目（CIP）数据

社会阶层视角下体育参与历程的健康效应研究／孙卓著. -- 北京：经济科学出版社，2024.8. -- ISBN 978 - 7 - 5218 - 6296 - 6

Ⅰ. G80 - 05

中国国家版本馆 CIP 数据核字第 2024XP3098 号

责任编辑：郑诗南
责任校对：靳玉环
责任印制：范　艳

社会阶层视角下体育参与历程的健康效应研究

孙　卓　著

经济科学出版社出版、发行　新华书店经销

社址：北京市海淀区阜成路甲 28 号　邮编：100142

总编部电话：010 - 88191217　发行部电话：010 - 88191522

网址：www. esp. com. cn

电子邮箱：esp@ esp. com. cn

天猫网店：经济科学出版社旗舰店

网址：http：//jjkxcbs. tmall. com

北京季蜂印刷有限公司印装

710 × 1000　16 开　12.5 印张　200000 字

2024 年 8 月第 1 版　2024 年 8 月第 1 次印刷

ISBN 978 - 7 - 5218 - 6296 - 6　定价：75.00 元

（图书出现印装问题，本社负责调换。电话：010 - 88191545）

（版权所有　侵权必究　打击盗版　举报热线：010 - 88191661

QQ：2242791300　营销中心电话：010 - 88191537

电子邮箱：dbts@ esp. com. cn）

前　言

马克思的阶级分层理论、韦伯的社会分层理论以及涂尔干的社会分层理论均为社会分层研究提供了坚实的理论基础，如果说马克思等对阶级问题进行分析是为了改造社会制度，那么后来的社会分层理论则是为了深入理解当代的社会结构，帮助政府制定更加科学、细分、合理的社会政策，从而促进社会的和谐与稳定发展，最终实现建设社会主义现代化国家目标。从健康社会学角度来讲，引入社会阶层理论则是为了消解健康的阶层不平等问题。

进入 21 世纪以来，我国各社会阶层群体的健康价值观念发生了潜移默化的改变，且在"健康中国"与"全民健身"的双重背景下，人们对健康的观念已逐渐由原先简单地认为"身体健康"这一单一维度逐渐向"社会－心理－生理"等多维度转变，更加认可它是一种综合体现。正是随着人们对健康价值观念的转变，使学者们从各自领域展开了对健康影响的一系列研究，且从既有研究资料来看，影响人们的健康存在两条主要路径，其一是结构主义路径（如社会阶层），其二是个体主义路径（如体育参与）。而本书便从综合的视角出发，基于对 1997～2015 年 CHNS 追踪数据的整理与分析，探讨了"社会阶层视角下体育参与历程的健康效应"议题。首先，本书对社会阶层视角下人们体育参与与健康状况的现状与趋势进行了认识；其次，分析与论证了社会阶层对人们体育参与与健康状况的影响；最后，深入探讨了人们的体育参与历程在社会阶层与健康状态之间具有何种作用。

研究认为：（1）社会阶层视角下人们的体育参与与健康状况逐渐分化。无论是从社会阶层视角下体育参与人口呈现出的"橄榄型"结构特征来看，还是从社会阶层视角下健康人口表现出的"倒金字塔型"结构特征来看，均在一定程度上奠定了不同社会阶层之间体育参与与健康状况的差异基础；通过对不同社会阶层视角下体育参与与健康状况的单因素方差分析也验证了这种差异的存在（$p < 0.05$ 或 $p < 0.01$ 或 $p < 0.001$）；通过进一步统计 1997~2015 年的数据发现，这种体育参与与健康阶层不平等的发展趋势，得到了体育参与与健康不平等的这种表现逐渐出现扩大趋势，从而得出在 1997~2015 年，社会阶层视角下人们的体育参与与健康状况逐渐出现分化的特点。

（2）社会阶层对体育参与与健康的影响表现出"累积优势"效应。社会阶层既是"体育参与不平等的根本性因素"，也是"健康不平等的根本性因素"。研究发现，社会阶层对体育参与与健康状况均具有积极的正向影响，且与前者表现出了一种"倒U型"关系，而与后者则表现出了一种"线性"关系。通过进一步分析，随着人们年龄的增长，发现高社会阶层较低社会阶层（详见第2.1.3节）对体育参与与健康状况的影响变得更为明显，从而使社会阶层所导致的这种体育参与与健康不平等呈现扩大趋势。这支持了"累积优势"理论，即：高社会阶层群体所具有的优势资源会随着年龄的增长而扩大，从而也就扩大了因社会阶层所导致的体育参与与健康不平等程度。

（3）体育参与历程在社会阶层与健康之间具有强化与缓解作用。首先，体育参与在健康随着社会阶层变化而提升过程中具有强化作用：随着社会阶层的提升，人们的健康状况也将逐渐提高，但是，高体育参与者比低体育参与者的健康状况将提升更快，从而使体育参与在其中起到了社会阶层对健康影响的强化作用；其次，体育参与在健康随年龄增长而下降过程中的缓解作用：随着年龄的增长，人们的健康状况将逐渐下降，但是高体育参与群体将比低体育参与群体的健康状况下降得慢，从而使体育参与在其中起到了年龄对健康影响的缓解作用；最后，体育参与在健康随阶层与年龄变化而下降过程中的缓解作用：如果人们处于低社会阶层群体，但他们却不经常进行体育锻炼，那么他们的健康水平会随着年龄的增长比处于同等体育参与程度的社会中层群体下降得快得多（阶层差异）；而如果他们坚持参与体育锻炼，那么他们的健康状态将会普遍好于处于社会中层而又不参加体育运动的群体（体现缓解作用）；但是，无论如何，我们应该认识到一个无法改变的现实，那就是如果所有阶层的群体都积极参加体育运动（相当于控制了体育参与变量），那么，随着年龄的增长，其健康状态必然都会逐步下降，且健康的阶层差异逐渐扩大也将是无法改变的现实。

正是基于以上研究结论，本书提出了提升全民健康的如下几点建议，一是立足"底线公平"理念，加强社会底层群体的体育资源占有，这将是在社会中对公共体育资源合理公平配置的另一种表达。二是构建"弱势群体"的利益表达与补偿机制，实现多元化体育参与，这将使社会底层群体的体育参与更具有政策制度化、法治化。三是提高"体育健康"意识，促进群众自发体育参与，这将是对"态度"（体育态度）向"行为"（体育参与）转变的重要解释。四是推动科学健身指导服务，促进群众体育与健康深度融合，这将是普及科学健身、保障群众体育效益和提升群众健康水平的有效措施。五是壮大社会体育指导员队伍，打造全民健身公益服务品牌，这将是推动全民健身事业和科学指导大众健身的重要力量。六是推动基层体育社会组织现代化发展，提高群众体育活动的参与度，这将是推动群众体育发展，增加群众参与度的关键举措。七是强化政策理论研究，推动群众体育政策不断完善，这将是组成全民健身服务体系的重要前提，更是促进群众体育事业发展的重要保障。

目 录
CONTENTS

第 1 章
绪　　论

1.1 选题背景

　　自 1978 年改革开放以来，中国社会发生了天翻地覆的变化，同时，在中国社会结构的变迁过程中，一些新的社会阶层也逐渐形成、发展与分化（陆学艺，2002；李强，2004）。也正因如此，当我们在回顾改革开放以来的中国社会变化时，其具有重大意义的社会现象莫过于社会结构的变迁（李培林等，2004）。正是随着我国社会结构的历史变迁，不同社会阶层群体之间在文化背景、生活方式、价值观念以及意识行为上的差异也逐渐凸显（郑杭生，2003）。随着这一现象的产生与发展，在这一过程中，学者们也逐渐针对"社会阶层"进行了一系列的研究，其中，国内最具代表性的是《当代中国社会阶层研究报告》①，该报告将中国的社会阶层分为五大社会等级和十大社会阶层（基础：以职业分类；标准：以组织资源、经济资源以及文化资源），且现今已得到学界的广泛认可，如：胡建国等（2019）的中国社会阶层结构变化及趋势研究、李辉和于鸿宁（2024）的社会阶层认同研究、季树宇等（2023）的社会阶层与体育运动研究、董德朋（2021）的健康阶层不平等研究，等等。

　　进入 21 世纪以来，我国各社会阶层群体的价值观念也在逐渐发生着前所未有的变化，即便是人们一直所追求的健康也无法避免。随着我国推崇"全民健身"与"健康中国"的双重背景，人们对健康的观念

---

　　① 陆学艺 . 当代中国社会阶层研究报告［M］. 北京：社会科学文献出版社，2002.

已由原先简单地认为身体健康这一单一维度逐渐转变为社会适应、心理健康、生理健康等多维度的综合体现（Cutler et al.，1997）。而在社会阶层下的这种健康多维转变，就逐渐折射出了不同社会阶层下人们健康价值的多维新取向，其中，健康的阶层差异也就在这一背景下逐渐凸显。正因为社会阶层下这种健康不公平的普遍存在，国际组织和各国政府将健康公平设为制定政策的重要取向，并把消除健康不公平作为卫生改革与发展的重点目标（饶克勤，2004）。

那么，如何减少社会中的健康不公平现象，就需要从影响健康的重要因素着手去解答这一问题。目前，从既有研究资料来看，影响人们的健康存在两条主要路径，其一是结构主义路径，其二是个体主义路径。结构主义路径中关注的是人们因社会地位不同而产生的阶层分化、居住隔离以及社会资本与网络的差异所带来的健康行为分化，进而对人们的健康产生影响。而个体主义路径中关注的是将人们的健康认知、行为预期以及个体能动性视为影响健康的中间机制，来对健康产生影响。从以上两条路径中可以认识到，前者侧重了高层次的社会结构性要素对个体健康的约束，而后者侧重了个体的行为反应对个体健康的影响。但无论从哪个路径出发均存在一定的解释缺陷，如：从结构主义路径出发，在解释社会阶层与健康之间的关系时，往往难以理解深层次的健康解答；从个体主义路径出发，在解释个人能动性与健康关系时，往往会在一定程度上出现不同社会维度的差异甚至矛盾（Friestad & Klepp，2006）。

由此可见，历史要求我们针对健康的研究需要从综合的视角来进行考察（结构主义路径和个体主义路径），才能得到较为客观的结果。基于对结构主义路径的认识，在社会阶层视角下探讨人们的健康问题是极其重要的；而基于对个人主义路径的认识，探讨个体健康行为对人们的健康影响问题是极其重要的，且从既有研究来看，大部分研究只重视分享健康行为，如：吸烟、饮食等，而忽视了健康促进行为，如：体育参与[①]等（Abel et al.，2000）。基于此，本书将从"社会阶层"（结构主义路径）与"体育参与"（个体主义路径）的双维度出发来阐释对人们健康的影响机制。

当然，社会阶层与体育参与之间也存在一定的关系，且目前，多数

[①] "体育参与"作为现代社会常见的社会现象之一，它不仅提高了人们的健康水平，也是社会成员实现社会化的重要途径，实现从"自然人"向"社会人"转变的重要手段之一。

研究认为，社会阶层已逐渐成为一个重要的自变量被纳入体育参与的研究之中（田虹等，2014），如：随着社会阶层的提高，人们参与体育的比例也逐渐变大等（Wilson，2002）；体育参与存在严重的社会不平等（Scheerder et al.，2005）。因此，尽管社会阶层与体育参与能够对人们的健康产生影响，但是社会阶层与体育参与之间本身也具有某种潜移默化的关系存在，且现今社会中不仅存在"健康的阶层不平等"，其"体育参与的阶层不平等"也是与其同等存在的社会现象。正因如此，在社会阶层视角下来探讨体育参与与健康的不平等问题、社会阶层具有怎样的体育参与与健康效应问题、社会阶层与体育参与对健康具有怎样的交互影响问题就显得尤为重要。

至此，社会阶层与体育参与对健康的影响领域呈现给我们一幅复杂图景，当然，社会分层与体育参与对健康的影响也不仅是短暂性的（即现时性），而且具有一种长期的影响性。从"历时态"角度来看，它们反映了人类生命历程的健康状态变迁，如：不同社会阶层中个体在自身的生命历程中的体育参与从无到有，从少量到多量的变化，如何影响了他的健康变化等。因此，本书将人们的健康问题引入个人发展的生命历程中（随着年龄的老去），采用社会意义（社会阶层）与个体意义（体育参与）相结合的方式一起寻找一种对其的全新阐释。基于此，本书拟从社会阶层视角出发，在探讨人们体育参与与健康状况的特征趋势基础上，分析社会阶层对人们体育参与与健康状况具有怎样的影响，并深入剖析社会阶层与体育参与的交互作用是如何在个人的生命历程中（年龄的增长）逐渐对健康产生影响的。

1.2 选题意义

1.2.1 理论意义

1. 从社会阶层与体育参与出发，开拓多学科结合的理论路径

"社会阶层"是社会学中关注的重要议题，而"体育参与"是体育社会学中关注的重要议题，两个议题从不同的角度均能够解释人类的健

康发展问题。而这就为"社会阶层"与"体育参与"的结合提供了可能，也为"社会学"与"体育学"的有机结合提供了新的视角。本书正是从这两个层次出发，开拓了多学科结合的理论路径，这不仅为社会学的相关理论进行了有效补充，也为体育社会学的进一步发展提供了可能。

2. 补充"结构主义–个体主义"结合路径下的健康效应理论

从结构主义路径出发来解释健康效应时，往往难以理解深层次的健康解答；从个体主义路径出发来解释健康效应时，往往出现不同社会维度的差异与矛盾。而本书将结合"结构主义路径与个体主义路径"，从双维度同时发力，来构建"结构主义–个体主义"结合路径下的健康效应。而这将不仅考虑到社会阶层（结构主义）对健康影响的标识边界，也将考虑到体育参与（个体主义）对健康影响的程度边界，最终完善健康效应理论。

3. 完善"健康中国"与"全民健身"背景下的全民健康理论

1995 年国务院颁布了《全民健身计划纲要》，党的十九大报告又提出了"健康中国"，并在"健康中国行动（2019～2030）"计划中再次明确了"全民健身"的重大意义[①]。也正是在"健康中国"与"全民健身"的双重国家战略背景下，本书将从社会学与体育学相结合的视角，进一步完善全民健康理论，为健康中国行动提供理论支撑。

1.2.2 现实意义

1. 明晰我国社会阶层视角下体育参与与健康状态的差异与趋势特征

本书从社会阶层的视角出发，通过对 1997～2015 年近 20 年的中国健康与营养调查（china health and nutrition survey, CHNS）中的数据资料进行整理，呈现出不同社会阶层群体的体育参与与健康状况，并测算不同社会阶层之间体育参与与健康状况的差异特征，分析不同社会阶层群体体育参与与健康状况的静、动态趋势，从而提炼其特点与规律，从

---

① 中华人民共和国中央人民政府. 健康中国行动（2019～2030）［EB/OL］. (2019 – 07 – 15). http：//www. nhc. gov. cn/guihuaxxs/s3585u/201907/e9275fb95d5b4295be8308415d4cd1b2. shtml.

而为政府与相关部门的政策选择提供现实资料依据。

2. 探讨社会阶层的体育参与与健康效应

本书在分别探讨社会阶层所带来的体育参与与健康效应时，还进一步分析了社会阶层所导致的这种体育参与与健康的阶层差异是随着人们年龄的增长而加强，还是随着年龄的增长而减弱？因此，本书不仅探讨了社会阶层所带来体育参与与健康回报的本身效应，同时还添加了人们的生命历程因素——时间（由于本研究的研究资料为追踪数据，因此可以探讨人们的生命历程因素），进而明晰了人们在生命历程中存在的这种作用机制变化。这将为政府针对不同社会阶层政策补偿机制的提出具有一定现实意义。

3. 基于人们的体育参与历程，明确其在社会阶层与健康状态之间的关键作用

本书在明晰我国社会阶层视角下体育参与与健康状态的现状特征、发展趋势以及社会阶层对它们影响效果的基础上，进一步从人们的体育参与历程出发（1997~2015 年的纵观分析），深入剖析了体育参与历程在社会阶层与健康状态之间起到的交互作用，这不仅从体育社会学的角度对社会阶层与健康之间的关系给出了自身解释，而且将为"健康中国行动（2019~2030）"计划的有效实施提供坚实的实践基础。

1.3 研究主题

1.3.1 研究对象

本书以社会分层视角下体育参与历程的健康效应为研究对象，将主要探讨社会分层视角下人们的体育参与与健康状况（包括阶层差异、发展趋势等），社会分层对体育参与、健康的影响效应，以及人们的体育参与历程在社会分层对健康的影响中具有这种作用。也正是基于此，本书选取 CHNS 追踪数据库中的资料来完成本书的研究目的。由于该数据库是纵贯性数据库，并在剔除数据过程中，仅收集到了 1997 年、2000

年、2004 年、2006 年以及 2015 年跨度近 20 年的数据资料，且由于年份之间的间隔时间不一致，因此本书采用分层线性模型处理数据，具体数据来源信息与研究方法的内容介绍见本书第 3 章的 3.3 部分。

数据中主要选择的群体为非学生群体（基于问卷相关问题可以剔除学生群体，问题：您目前是否在上学，回答：是或否），并基于您的主要职业是什么？这一问题，整理了各类职业群体，其中包括：高级专业/技术工作者（医生、教授、律师、建筑师、工程师等）、一般专业/技术工作者（助产士、教师、护士、编辑、摄影师等）、管理者/行政官员/经理（厂长、政府官员、司局长、处长、行政干部等）、办公室一般工作人员（秘书、办事员等）、农民、渔民、猎人等、技术工人（领班、车间班长、工艺工人等）、非技术工人（普通工人、工艺工人等）、司机、服务行业人员（管家、厨师、服务员、理发员、售货员等）、运动员、演员、演奏员以及其他等。

1.3.2 研究问题

（1）社会阶层视角下体育参与与健康状况的差异是否存在？且这种阶层差异是随着时间的流逝而加剧还是缓解？

（2）社会阶层的分化带来了怎样的体育参与与健康效应？

（3）人们的体育参与历程在社会阶层的健康效应中起到了怎样的作用机制？

1.3.3 研究思路

首先，通过对既有研究资料进行文献综述，阐释目前社会阶层视角下人们体育参与与健康状态的现状，并界定本书的核心概念，包括：社会阶层、体育参与、自评健康以及其他人口统计学特征等。

其次，确定本书的分析方法，基于研究问题，本书选取了 CHNS 追踪数据库，且由于该数据库中调查的数据是纵贯数据，即：在不同年份对个体进行了反复观察与记录（包括：1991 年、2000 年、2004 年、2006 年以及 2015 年跨度近 20 年的数据资料）。该数据特点使个体在不同年份的调查数据嵌套于个人之中，具有明显的分层结构，因此，本书选取分层线性模型来对数据进行分析。

再次，基于研究问题来设计本书的相关核心内容，包括：社会阶层视角下的体育参与与健康不平等;社会阶层的体育参与与健康效应以及体育参与历程对社会阶层与健康状态关系的解释机制。

最后,基于本书的研究结论与分析判断,为了从全民健身的角度促进"健康中国行动(2019～2030)"计划的实施,本书将提出提高全民健康水平的几点对策建议。

1.4 研究方法

(1)文献资料法。通过查阅与社会阶层、体育参与、健康有关的期刊、书籍以及电子文献等资料,并基于《当代中国社会阶层研究报告》对调查资料的各职业进行了社会分层(陆学艺,2002),包括:行政官员与企业管理者阶层、高级知识分子阶层、初中级知识分子阶层、办事员阶层、技术工人与服务行业阶层、农民与非技术工人阶层等。

(2)描述研究法。该方法是指将已有现象或规律,通过理解和验证,给予叙述并解释。笔者在研究的各个章节均采用了此方法对研究结果进行了描述,比如:通过描述研究法描述了社会阶层视角下体育参与与健康现状;通过描述研究法描述体育参与与健康状态的阶层差异与变迁;通过描述研究法描述社会阶层所产生的体育参与与健康效应等。

(3)比较研究法。本书在各个章节均采用了比较研究法,比如:通过比较不同时间段我国各社会阶层群体的体育参与与健康状态,探讨其发展趋势,发现体育参与与健康的阶层差异是随着时间的流逝而扩大还是缩小。通过比较高、低社会阶层群体的体育参与情况,来分析它们之间的交互对健康具有何种作用,具体分析它们之间更加符合怎样的关系等。

(4)数理统计法。本书在实证部分均采用了相应的数理统计法,比如:均值计算、单因素方差分析、多层线性回归分析等方法。同时,在分析多变量之间对健康的交互影响时,还绘制了体育参与在社会阶层与健康之间的作用效应示意图、社会阶层视角下体育参与历程导致健康随年龄变化的差异特征示意图等。

1.5 研究内容

我国自 1978 年实行改革开放至今，社会发生了天翻地覆的变化，在各个领域取得了举世瞩目的成就。但与此同时，社会结构也在不断变化，正因如此，我国具有重大意义的社会现象莫过于社会结构的变迁（李培林等，2004）。随着经济发展、社会进步，全国各社会阶层群体的价值观念也在不断地发生着改变，其中，在"健康中国"与"全民健身"的政策背景下，"健康观念"逐渐深入人心，并成为人们生活中不可或缺的一部分。这使健康价值观由传统的单一性取向（身体健康）逐渐向现代的多维性取向转变（社会 – 心理 – 生理健康），从而折射出不同社会阶层下体育参与的健康价值多维新取向，如：除身体健康外，还包括社会心理方面的健康价值提升。这也就为社会阶层与体育参与如何影响了人们的健康呈现一幅复杂图景，本书正是基于 CHNS 追踪调查数据，探讨人们在生命历程过程中，社会阶层与体育参与的变化将如何影响人们的健康等一系列问题。

第 1 章为绪论。笔者从选题背景出发，在分析社会阶层视角下存在的体育参与与健康现象，探讨各变量之间理论关系的基础上，确定了研究的初步问题。继而明确了所研究问题的理论意义与现实意义，并解释了本书的研究对象、研究思路与研究方法，继而阐述本书的主要研究内容与章节安排。

第 2 章为文献综述。本书将从社会阶层、体育行为以及自评健康等角度分别构建文献综述部分，其中，在社会阶层理论方面，将主要探讨西方经典社会分层理论、西方现代社会分层理论以及中国社会分层理论的相关研究；在体育行为理论部分，将探讨体育行为的概念与影响因素研究、社会阶层与体育行为的关系研究以及体育行为学的任务与效果研究；在自评健康理论方面，将主要探讨自评健康的概念与影响因素；社会阶层与自评健康的关系研究以及体育参与与自评健康的关系研究。

第 3 章为研究设计。该节将主要探讨核心概念与测量、分析框架与研究假设、数据来源与分析方法等内容。其中在概念界定部分，将主要介绍社会阶层、体育参与、自感健康等变量的概念与指标评价；在分析框架部分，以图形的方式更加清晰地展现了本书的逻辑分析框架；在研究假设部分，笔者基于所探讨的研究问题，从而对以往文献进行逻辑分析，进而提出相应的研究假设，为后续的分析指明了方向；在数据来源中，本书介绍了 CHNS 追踪数据的基本信息，包括：本书选取了哪些年份、调查了哪些群体样本以及一些关于研究资料的其他描述；在分析方法中，笔者基于研究目的与数据资料的特点，将选取多层线性模型，并构建了分层公式，从而为后续的数据分析打下基础。

第4章、第5章、第6章、第7章为本书的最核心部分。对各社会阶层的地区、户籍、性别、教育等人口学因素进行整体描述并分析，得出相关结论。然后主要基于研究假设，通过数据资料分析出"社会阶层视角下的体育参与与健康不平等"现状，来回答社会阶层视角下体育参与与健康不平等的加剧与缓解问题？这一问题；通过多层回归模型分析出"社会阶层视角下的体育参与与健康效应"以及"社会阶层视角下的健康效应——基于体育参与历程的纵向分析"，从而来回答"社会阶层带来了怎样的体育参与与健康不平等？""体育参与历程在社会阶层与健康中具有何种作用？"等问题。

第8章、第9章为本书的政策建议、总结与讨论部分。该部分主要针对相关结论提出一些提高全民健康的政策建议，然后主要概况本书的研究结论与发现，最后将阐释本书具有哪些贡献、局限以及对未来进一步深入研究的相关设想。

第 2 章
文 献 综 述

2.1 社会阶层相关研究综述

2.1.1 西方经典社会分层理论回顾

纵观社会分层的相关理论发展，经历了"阶级分析—阶级分化—阶级结构"三大阶段，正是基于这一过程，社会阶层理论从早期零散的分层思想萌芽逐渐形成了现在系统的社会分层理论，有关这一理论的论述在多个思想家的著作里出现过。19 世纪中后期，一些系统的社会分层理论出现，最具有代表性的莫过于卡尔·马克思、马克斯·韦伯以及埃米尔·涂尔干三人各自形成的社会分层理论。

1. 马克思的阶级分层理论

马克思认为：各人借以生产的社会关系，即：社会生产关系，是随着物质生产资料，生产力的变化和发展而变化和改变的，生产关系合起来就构成了所谓的社会关系，构成了所谓的社会①。而马克思的阶级分层理论正是以这种生产关系为基础而形成的，并与之成为特定社会的基础，且他认为，社会阶级是以是否占有生产资料而划分等级的，即：他所强调的社会资源是生产资料，并基于对生产资料的占有将社会阶层划分为：资产阶级和无产阶级、剥削阶级和被剥削阶级以及统治阶级和被

① 马克思恩格斯选集（第一卷）[M]. 北京：人民出版社，1995.

统治阶级①，它们之间存在着由生产资料获得剩余价值和由劳动力维持生存的差别。马克思的阶层分化理论不仅揭示社会分层问题，还涉及生产力、阶级和未来发展等理论的完整、系统的理论体系②。

2. 韦伯的社会分层理论

《阶级、身份和政党》中讲解了韦伯有关社会分层理论的主要观点，他构建了社会分层的多元分层观，并主张从经济、社会以及政治维度来对社会进行分层③。这三个标准之间既各自独立，又相互联系，不过，马克斯·韦伯的观点主要区分了三种共同体形式，即：阶级、身份群体以及政党，其中阶级是由经济决定的，从而使阶级的真正故土在经济制度里；身份群体是由社会评价所制约的声望决定的，从而使身份群体的真正故土在社会制度里；而政党则是由权利决定的，从而使政党的真正故土在权利领域里④。不过，对韦伯的观点而言，由于身份群体是进行着共同的生活方式和分享着相似声望地位的人群构成的，从而在群体中形成了实质性互动意义的社会关系，因此，身份群体应该是具有实质性意义的共同体⑤。

3. 涂尔干的社会分层理论

涂尔干的分层理论包括两个主要部分，其一是功能主义分层理论，其二是职业共同体分层思想⑥。其中，功能主义分层观指出：社会分工为人类社会所必需，由于人的能力是有差别的，因而，分工也必然是有差异的，这就需要让适当的人去承担适当的工作，让最有才能者去担负最重要的工作，让弱者去承担较轻的工作，从而形成社会职业角色的适当比例⑦；而职业共同体分层理论为了解决分工所形成的社会分化之后

①④ 陈鹏. 经典三大传统社会分层观比较——以"谁得到了什么"和"为什么得到"为分析视角 [J]. 社会科学管理与评论, 2011 (3)：85 – 91, 112.

② 王瑜希. 关于马克思主义社会分层理论的思考 [J]. 科技展望, 2016, 26 (24)：313.

③ 马克斯·韦伯. 马克斯·韦伯社会学文集 [M]. 北京：人民出版社, 2010.

⑤ 王建武. 社会分层视角下政治信任变迁 (2006—2015) ——基于中国社会状况综合调查数据的研究 [D]. 长春：吉林大学, 2018.

⑥ 李强. 职业共同体：今日中国社会整合之基础——论"杜尔克姆主义"的相关理论 [J]. 学术界, 2006 (3)：36 – 53.

⑦ 涂尔干, 梁东译. 社会分工论 [M]. 北京：生活·读书·新知三联书店, 2013.

果，则将功能分层进行了推进，从而创造出了一种以职业群体为基础的"有机团体"的新社会结构，来实现社会整合①。

西方经典社会分层理论（马克思的阶级分层理论、韦伯的社会分层理论以及涂尔干的社会分层理论）不仅奠定了社会分层理论基础，同时还为后续研究社会分层理论提供了一系列的研究视角。通过对西方经典社会分层理论的认识，我们可以发现，马克思、韦伯以及涂尔干的观点均存在各自的独特之处，其中：马克思的阶级分层强调的是人们基于对生产资料的占有，并在"生产过程"中逐渐形成了阶级差异；韦伯的社会分层理论强调的是以相似生活方式、教育以及声望为基础所形成的不同社会阶层差异；而涂尔干的社会分层理论给我们提供了一个更为简单的思路，这一思路不仅有助于化解矛盾，而且有助于社会团结，即：人们地位的差异是由于分工不同而导致的，从而使社会地位差异表现为职业不同。

2.1.2　西方现代社会分层理论回顾

继马克思、韦伯以及涂尔干之后，西方现代学者们在认识到经典社会分层理论优势的同时，也感受到了它们所存在的局限，从而学者们展开了一系列的研究与解释，并形成了各类观点，可谓琳琅满目。但是从既有研究资料来看，主要存在两种理论范式，其一是以赖特为代表的新马克思主义范式；其二是以戈德索普为代表的新韦伯主义多元分层范式。

在赖特为代表的新马克思主义范式中，赖特根据马克思对阶级概念的解释功能和结构属性，划分了统治和被统治关系的三个维度控制权：金钱资本的控制权，即：流入或流出生产的资金；物质资本的控制权，即：生产过程中的实际生产手段；劳动的控制权，即：生产中的直接生产者的劳动活动，并基于此，他提出了四个类别：全部控制、部分控制、微量控制以及无控制②。也正是基于以上对控制权的理解，赖特基于所有者对控制权的多寡将其分为所有者和非所有者，其所有者可以分为：资产阶级、小业主和小资产阶级；而非所有者则可以分为：工人阶

---

①　陈鹏. 经典三大传统社会分层观比较——以"谁得到了什么"和"为什么得到"为分析视角［J］. 社会科学管理与评论，2011（3）：85–91，112.

②　周怡. 社会分层的理论逻辑［M］. 北京：中国人民大学出版社，2016.

级、各种经理人员、专业技术人员、政府科层人员等九个类别。赖特的
社会阶层范式对我国的社会阶层理论发展起到了重要的借鉴意义，尤其
是随着改革开放以及市场化发展以来，所涌现的企业管理者、经理人员
以及知识分子阶层尽管不占有绝对的资本控制权，但是他们的教育程
度、能力素质以及技术水平却决定了他们在我国社会发展中起到了重要
的引领作用，这也决定了他们在中国社会阶层中的重要位置。

在以戈德索普为代表的新韦伯主义多元分层范式中，戈德索普通过
个人的市场状况、工作状况以及身份状况三个维度来界定人们的阶层位
置，其中，市场状况由经济收入、社会保障利益来体现，工作状况由工
作中的自主性、受监管程度以及技术层面决定，而身份状况则由社会经
济地位来决定。戈德索普为代表的新韦伯主义多元分层范式主要是依据
职业来划分阶层，如：公务员阶层、工人阶层以及低层非体力雇员和小
业主构成的社会中间阶层，其中，由于当时资本家在收入、权力等方面
与公务员阶层相似，且他们的工作状况非常接近，因此，戈德索普根据
相似的收入与工作状况将资本家也划归到了公务员阶层[①]。

由此来看，无论是以赖特为代表的新马克思主义范式，还是以戈德
索普为代表的新韦伯主义多元分层范式，它们均将社会关系作为社会阶
层的基本条件，并结合了当时社会中的市场能力、技术能力以及组织能
力，来划分了社会阶层。他们的观点给中国社会阶层的发展带来了重要
的理论基础与分析框架，具有划时代的重大意义。

2.1.3　中国社会阶层理论研究回顾

随着我国社会的发展与进步，中国社会分层理论研究也取得了丰硕
的研究成果，如：陆学艺的"十大社会阶层"分析框架、李强的"利
益群体"分析框架、刘欣的"权力结构"分析框架以及李璐璐的"权
威阶层"分析框架等。当然，还有许多学者从不同的角度提出了相应的
社会分层分析逻辑，他们的研究均对中国的社会分层理论发展起到了极
强的推动作用。

其中，最具代表性的是以陆学艺（2022）为代表的《当代中国社
会阶层研究报告》，书中提出了以职业分类为基础，以组织资源（依据

---

① 李春玲. 断裂与碎片：当代中国社会阶层分化实证分析［M］. 北京：社会科学文献
出版社，2005.

国家政权组织和党组织系统而拥有的支配社会资源的能力)、经济资源
(对生产资料所有权、使用权以及经营权的占有)以及文化资源（社会
所认可的知识和技能的拥有能力)所占状况为标准而划分出的五大社会
等级与十大社会阶层，五大社会等级包括：社会上层、社会中上层、社
会中中层、社会中下层以及社会底层，其中，高社会阶层通常指的是在
社会中拥有较高地位、权力、财富等资源的群体，这些资源包括但不限
于教育、收入、职业和社会影响力等，而低社会阶层则相反；十大社会
阶层包括：国家及社会管理者阶层、经理阶层、私营企业主阶层、专业
技术人员阶层、办事人员阶层、个体工商户阶层、商业服务业员工阶
层、产业工人阶层、农业劳动者阶层以及城乡无业/失业/半失业人员阶
层等，为后来研究提供了重要基础（周扬等，2023；许玮和朱建勇，
2020）。目前中国的社会阶层结构正在向现代化社会阶层结构变化，在
这一变化过程中，以专业技术人员阶层、办事员阶层、个体工商户阶
层、商业服务业员工阶层为主要的社会中层将逐渐增多。

当然，与陆学艺的研究不同，学者们从不同的视角划分社会阶层也
得到了非常有意义的观点，如：李强（2002）的"利益群体"分析框
架，他强调了中国社会分层结构的碎片化，并基于人们利益的获得与受
损将社会成员划分为4个利益群体，包括：特殊利益群体，涵盖了企业
家、老板、董事长、高级经理、明星以及技术层群体；普通获益者群
体，涵盖了知识分子、干部、办事员、店员、工人以及农民等；利益相
对受损群体，主要指失业、下岗人员；社会底层群体等。从利益群体的
角度对社会阶层进行划分体现了自身独特的价值功效。在刘欣（2007）
的"权力结构"分析框架中，她以公共权利和基于资产产权的市场能
力为基础，并根据中国的基本制度以及行政管理等级、公有资产的委
托-代理制、劳动人事身份制、技术等级制等次级制度，划分了六个中
国城市阶层，包括：社会上层、新中产上层、新中产下层、小业主和自
雇者、技术工人及小职员以及非技术工人等。在李璐璐（2012）的
"权威阶层"分析框架中，她基于权利的权威性、资源的多样性以及结
构的多元性原则，并结合了部分西方现代社会分层理论，将中国社会阶
层划分为五类，包括：自雇者/个体户阶层、体力劳动者阶层、党政机
关/企事业单位一般管理人员和办事员阶层、专业技术人员阶层以及党
政机关/企事业单位负责人和中高层管理人员阶层。

从以上社会阶层理论的相关研究与划分来看，相较于西方社会阶层相关理论，具有了极强的本土化特点，从而对认识我国社会分层的现状以及与其他内容的相关关系研究提供了很好的划分标准与逻辑框架。同时，考虑到《当代中国社会阶层研究报告》的影响力，本书将采用该报告中社会阶层的划分方式，以职业分类标准来对本书的研究样本进行社会分层划分，从而进一步探讨社会分层视角下的体育参与与健康问题。

2.2 体育行为相关研究综述

2.2.1 体育行为的概念与影响因素研究

由于 20 世纪 30 年代末 40 年代初行为科学的产生，使各领域相关的行为科学逐渐兴起与发展，现今已应用到各个学科中。刘刚（2001）认为行为是在一定环境中（主要指社会环境），人们意识支配下按照一定规范进行并获得一定结果的客观活动，而行为科学是指运用科学的方法研究自然和社会环境中人类行为规律的学科群。也正是因为行为科学的产生、推广与应用，以及人类体育行为的存在，因此，刘一民等（1990）为了更好地认识这种体育行为的特征、影响因素以及发展规律，从而有效地控制与预测这种行为，提出了体育行为学理论。自此，体育行为科学也应然而生。它为体育科学与行为科学搭建了一座桥梁，不仅完善了行为科学理论的欠缺，也填补了体育科学体系的空白（欧阳灵伦，1994）。同时，体育行为学不仅是行为科学和体育科学的有机结合，它还是一种对体育行为进行全方位研究的一门综合交叉学科，它涉及心理学、社会学、方法学、管理学以及哲学等学科。在体育学领域，体育行为学理论将解释如何预测并激发人们的体育行为机制，从而能够有效地引导并调控体育行为，促进体育参与，进而提高人们的健康状态。

张启高（2014）认为体育行为主要可以分为隐性和显性体育行为两种，前者包括体育活动内容、活动时间、信息获取、运动强度、组织形式、欣赏方式、消费和运动场地选择，而后者主要包括体育价值观、动机、需要和态度。"体育行为"在韦氏大辞典中的定义为：集体、个体或种群对其外界环境的一种反应，是某种行动或应对刺激的一种表现形式①。杨忠（2015）将体育行为分为显性体育行为和隐性体育行为，前者主要以实际身体活动为表现形式和特征，后者则以心理方面等内在表现为形式特征。刘一民和刘翔（2016）认为体育行为是指人们运用多样化的方法和手段，有目的、有意识进行，以满足自身某种体育需要为目的的活动。

也正是基于对体育行为学概念的理解，学者们基于人类体育行为的一系列现象，提炼了体育行为特征。其现象包括：（1）喜爱某一运动，坚持体育参与；（2）仅喜欢观赏体育比赛，不实施自身运动；（3）喜爱多项运动，积极参与；（4）喜爱运动，更喜爱参与体育行为中的团体精神；（5）喜欢看体育相关的报道、杂志等，却不参与体育运动等；（6）喜爱组织、管理体育比赛，自身积极参与其中；（7）喜爱组织或管理体育赛事，自身不参与比赛等。基于这些现象，学者们对体育行为特征进行了总结，包括：体育的意志行为、体育的参与行为、体育的学习行为、体育竞争行为以及体育团体行为等。当然，本书所提到的体育参与主要是一种体育的直接参与行为。

根据预测，随着经济发展、社会进步以及科技创新，社会逐渐步入各领域全面发展的新阶段，体育也将成为人类不可或缺的社会活动方式之一。国际经验表明，人均GDP达到5000美元时，体育健身成为必然需求；而人均GDP达到8000美元时，体育健身将成为国民经济的支柱型产业②。中国从2015年开始，人均GDP便已超过8000美元，因此，体育参与对我国国民生活质量和幸福感的保持与提升将逐渐起到更为重要的作用。也正因如此，明确促进人类体育行为的影响因素就显得极其重要，这不仅有利于促进人们积极参与体育运动，促进身心健康以及社会关系的发展，同时还有助于发挥体育自身功能，展现体育的永恒价值。基于之前的分析我们可以了解到，体育行为学是一门综合交叉学科，而其中社会学、体育社会学、运动心理学对其产生的影响极为重

---

① 韦伯斯特. 韦氏大词典 [M]. 北京：商务印书馆，2014（6）：526 – 527.

② 孙璇. 民众体育消费需求的高涨，全民健身热情何处释放 [EB/OL]. （2015 – 01 – 28）. http：//politics. people. com. cn/n/2015/0128/c70731 – 26463066. html.

要①。运动心理学家认为，人们形成的体育行为与自身动机是密切相关的，人们为达到某种目的的动机是促使实施体育行为的重要因素。而动机的源泉是"需要"，美国心理学家马斯洛将"需要"分为生理需要、安全需要、社交需要、尊重需要以及自我实现需要五个层次，而当某一"需要"转化成"优势需要"时，"需要"则成为人类行为的动机②。由此可见，"需要"是人们产生行为的根本源泉，体育行为也一样，人们在或是健身需要、或是社交需要、或是健康需要、抑或是竞争需要的情况下，均可能促使他们产生体育行为。这是运动心理学学者所认为的心理活动的内在表现，逐渐展现为行为活动的外在表达。社会学家与体育社会学家则认为，人们所生存的社会环境和人们所占有的社会资源对他们产生的社会活动具有重要影响，他们是未来适应环境和形成良好的社会资本而形成的社会活动过程。而体育参与作为社会活动的重要内容之一，其必然也受到人们所处的社会环境与社会资源占有的影响，当然，这也是人类社会化的过程。

2.2.2 社会阶层与体育参与的关系研究

基于现有文献资料，可以整理出目前关于社会分层与体育参与的关系解释存在五种理论流派，包括：炫耀论、社会区隔论、冲突论、社会流动论以及不平等论。其中的炫耀论，凡伯伦（Veblen，1953）在 18 世纪便已指出，上流社会与体育参与方式之间具有某种极强的亲和性。当时，社会底层通常从事于手工劳动或生产型劳动，而上流社会比社会底层具有更崇高的社会声望和丰富的社会资本，那么如何彰显他们的这种地位优势呢，体育运动在此时便逐渐成为他们炫耀优越感的重要途径之一，比如：当时的贵族或上流群体通常选择马术、高尔夫、赛艇以及网球等运动项目来彰显自身的社会地位。在社会区隔论中，法国社会学家布迪厄（Bourdieu，2013）根据凡伯伦的观点于 20 世纪 80 年代提出了自己的理论，即"社会区隔理论"，该理论反驳了凡勃仑的观点：上流社会参与体育运动不是因为炫耀，而是由于他们热衷于将自身与其他社会阶层区隔开了，高档的体育参与方式是他们区隔于其他阶层的一种重要表达方式。当某种体育项目在流行后，上流社会将转向其他高档体

① 刘一民. 关于创建体育行为学的构想 ［J］. 体育科学，1990 (2)：82 – 83.
② 陈纪方. 社会心理学教学参考资料选集 ［M］. 郑州：河南人民出版社，1986.

育项目来与其他社会阶层进行区隔，比如：当网球进行流行后，他们将不再热衷于参与网球运动，而转向赛艇、马术等其他高档体育项目，从而实现体育参与的阶层区隔。

当然，此时也有部分学者并不同意社会区隔论，从而提出了冲突理论：冲突理论的学者们认为社会区隔理论忽视了体育运动的本身特质，并强调社会下层群体所推崇的体育项目中"暴力"和"反社会特征"，他们将"体育参与"归为一种表达社会阶层之间与内部冲突、敌意以及对抗的手段，从而形成了"冲突理论"（Jones，1992）。如：19世纪工人阶级的"对生理的偏执""团体性的偏见""为钱不择手段""对权贵与规则的蔑视"以及"粗俗粗鲁行为"等体育价值观（室内拳击、赌博行为、酒馆中的钓鱼与信鸽等），与中产阶级奉行的参与优先、公平竞争的运动精神背道而驰。而在社会流动论中：学者们在探讨"社会阶层"与"体育参与"的关系时，认为体育参与也是社会流动的主要性质之一，并指出个人或群体需要一系列的途径来实现从一个社会位置到另一个社会位置的转变，而体育便是社会下层向社会上层流动的重要途径之一。如：在20世纪，许多工人阶级以及他们的后代通过体育运动，成为专业运动员，最终成为体育明星，当时，一个职业骑马师年收入可达到1000英镑，许多职业运动员也来自铁路工人、小职员等。

发展起步最晚，却得到广大学者们普遍认可的是"不平等论"。20世纪晚期，随着社会的逐步发展，社会阶层的逐渐分化，以及体育行为在社会中的广泛蔓延，并由于不同社会阶层群体之间所占有的社会资源或生活机会的差别，逐渐出现了体育参与的阶层不平等现象，形成了不平等论。如：国外学者范雷乌塞尔和塔克斯（Vanreusel & Taks，2002）通过纵贯数据分析了1969～1999年意大利弗兰德斯地区的调查数据，得到不同群体在30年的历程中其体育活动比例均有了较高幅度的提高，但是提升幅度存在阶层差异，而在历时30年的提升之后，逐渐表现出了极其严重的体育参与阶层不平等问题。国内学者孙淑慧和王广虎（2002）通过调查西蜀重镇雅安居民的体育行为，发现各阶层中体育行为尽管都有一定幅度提高，但是体育行为的阶层差异仍然较为明显；陈冀杭和汤国杰（2009）在"基于社会分层理论的城市居民体育锻炼行为特征分析"的实证研究中发现，随着社会阶层的提升，体育参与程度也逐渐提高。而且不平等理论的核心议题，正是对体育参与权利均衡化的追求，这非常迎合我国当下体育参与平等的相关问题，目前我国政府推行的全民健身战略，健康中国战略以及健康中国行动等政策机制，其根本是要实现全民体育参与的基本权利和机会均等，实现城乡一体化发展，使得全体人民共同迈入小康社会。

从以上资料中可以看出，人们的体育参与受到方方面面的限制，比如：社会底层的资源匮乏、体育产品价格的制约以及门槛的限制等。[①] 目前，针对"不平等论"的研究已得到了学者们的广泛验证，并普遍认可由于社会阶层占有的社会资源的不平等造成了体育参与的阶层不平等。且基于体育参与的阶层不平等研究，学者们指出应该借助社会立法、社会政策以及社会规范来消除体育参与的阶层不平等现象，从而成为公共社会学家、社会政策学家们呼吁政府推崇大众体育改革的重要武器。

2.2.3 体育行为的任务与效果研究

随着经济水平的提高与社会事业的进步，体育事业也得到了蓬勃发展，在我国"健康中国"与"全民健身"思想的背景下，不仅对全民的身体健康提出了高标准，同时还对体育道德与行为素养提出了高要求。而体育行为学理论的任务正是为培养体育参与者的道德情操、团队意识、个性品质、身心健康而服务的，且现已将其广泛应用于体育组织中人的心理与行为，如：应用于体育俱乐部、运动队、学校以及社区体育等。我们也知道，"需要"在转化为"优势需要"后形成了人们的行为动机，那么，体育行为学的重要任务就是要使人们形成体育需要，施加影响，调节并激发这种需求成为长远需求，促使人们形成良好的体育行为，并参与其中，从而提高人们的健康水平。

由此看来，体育行为学的任务就是在加强对体育行为控制以及预测的过程中，能够有效地调动人们参与体育活动的积极性，从而使体育服务于人类发展这一终极目标。当然，体育行为学正是基于这样的任务，其所产生的效果也是显而易见的。如：（1）由于体育组织的宣传服务、辅导服务、技术服务、公共服务以及赛事服务等原因，不仅促进了人们参与体育活动的积极性，还增强了人们对体育需求的意愿，进而提高了

---

① McIntosh P C, Charlton V. The impact of sport for all policy (1966—1984) [M]. London: Sports Council, 1985.

人类的身心健康，完善了人类的整体机能；（2）人们的体育行为促进了他们的社会交往，从而使其成为形成社会网络与社会资本的重要媒介，因此，体育行为不仅促进了他们的身心健康，同时还协调了人际关系，提高了体育行为学在社会系统中的积极作用和应用价值（许多研究已显示，社会交往、社会资本等均是影响人们健康的重要因素）；（3）人们的体育行为满足了他们的自我实现，并得到了应有的尊重。例如：残疾人由于自身缺陷，致使他们在融入社会群体过程中存在种种困难和心理障碍，而一些社会组织通过对残疾人进行体育宣传和干预，使他们积极参与体育运动，通过体育参与，不仅减少了疾病程度，扩大了社会交往，而且还逐渐完成了自我价值的实现，得到了社会的认可，他们在体验到体育所带来的快乐和乐趣的同时，也使其很好地实现了社会融入，最终提高了自身的身心健康①。

由此看来，体育行为学的任务不仅关注了人们的身体健康，也关注了人们的生活方式，更关注了人们社会生活质量的获得。且从其产生的效果我们可以见得，体育行为对人类身体的整体机能的完善、社会网络的融入、社会资本的提升、自我价值的实现以及社会尊重的获得，甚至对提高居民幸福感均具有很好的效果。以上体育行为所产生的效应也正是从"社会－心理－生理"三个维度解释了对人们健康（多维导致的结果）的影响。也正是基于这一理论基础，本书在社会阶层视角下，探讨体育参与带来的健康问题。

2.3 健康相关研究综述

2.3.1 健康的概念与影响因素研究

王曲和刘民权（2005）认为关于健康有着丰富的内涵，且从人类生命历程来看，它不仅具有重要的内在价值，同时还具有重要的工具性价值。其中，内在价值包括两个方面：其一，健康代表了人类的一种最为重要的可行能力，也是幸福的根源所在；其二，健康既是人类发展的

---

① 郭冬冬，王沐实. 中国残疾人体育行为机制的理论模式探析［J］. 湖北体育科技，2015，34（2）：122－124.

首要目标，也是人类发展的终极目标，随着人类文明的进步，健康也体现了社会的进步。刘仲翔（2006）的研究指出，健康观念是现代社会主义核心价值观的重要内容，人们现已将其视为人类生存最需要追求的一种价值。在工具性价值方面，健康不仅具有个人价值属性，同时它还具有社会价值属性，即：它既能够对人类个体的收入增长具有积极影响，同时它还对经济社会的发展具有显著效果，它在一定程度上能够影响社会劳动生产率的提高等。如：魏众（2004）利用 CHNS1993 年的数据证明了健康有助于人们提高非农收入，对家庭收入的提高具有积极重要的作用；福格尔（Fogel，1994）认为英国经济增长率达到 20%～30%，与人们的健康和营养具有积极重要的关系。也正因健康具有如此重要的价值，从而使它自人类文明以来便备受人们的关注，这也逐渐使"健康研究"成为学者们探索与论证的重点（Collins & Klein，1980）。

而学者们在对健康的研究中，最为重要的莫过于对健康的概念界定。目前，自然学科与社会学科均对其从自身角度作出了较为科学的理解，在医学领域，贝克尔等指出，人体的身体机能不存在任何问题可以正常运行的时候，即不存在疾病等问题的事实，该机体才处于健康状态[①]；在社会学领域，帕森斯指出，只有能够具有一定可以履行社会职责的有能力的机体才是健康的机体[②]。尽管不同学者对健康的定义存在差别，但是，人们普遍接受的还是世界卫生组织所提出的：健康不仅是机体的问题，而且是与机体有关的社会、心理和生理等多个维度的综合展现。也就是说，健康不仅是通过身体健康的状态来体现的，它还需要通过对社会层面、精神层面等多个维度来共同体现。这就对人们的健康评价制造了难度，因为如果身体健康较容易测评的话，那么社会心理健康则较难把握，而自评健康的提出在一定程度上弥补了这一问题。自评健康是生命机体根据自身情况对自身健康状况的自我感知和评价[③]。正是由于自评健康能够反映人体的多方面健康评估，如：对自身身体健康的评估、对自身社会适应的评估以及对自身心理健康的评估等，得到了学者们的广泛适应。且费罗（Ferro，1980）的研究指出，在对自评健

---

① 许金红. 社会经济地位与健康的关系研究［D］. 深圳：深圳大学，2015.

② 季浏. 体育与健康［M］. 上海：华东师范大学出版社，2011.

③ 董文红. 自评健康状况与中国人群心血管病发病及死亡的关联性研究［D］. 武汉：华中科技大学，2018.

康与专业机构的客观健康评估进行对比后，发现自评健康具有极高的可信度。

正因为健康是多维构成的，这也就为健康的影响因素研究提供了多维的视角。目前，针对健康的影响因素研究涵盖了社会因素、心理因素以及运动因素。其中，社会决定因素是解释不同群体健康差异的一项非常重要的理论基础，WHO 将健康的社会决定因素定位为"在那些直接导致疾病的因素之外，由人们居住和工作的环境中的社会分层的基本结构和社会决定性条件产生的影响健康的因素，包括：工作环境、贫穷、居住条件等"①。这对健康的社会决定因素的认识，指出了社会因素是影响健康的"原因的原因"。而钱多拉等（Chandola et al.，2006）将影响人们健康的社会因素概括为三大类，其一是物质因素，其二是社会环境因素，其三是工作环境因素。其中，物质因素直接影响人们的健康，而工作环境和社会环境则通过主观心理或运动参与（人的社会行为）来影响人们的健康。在心理因素方面，从既有研究资料来看，心理因素可以作为影响人们健康的重要中介作用，钱多拉等（2006）的研究指出，大多数社会因素都是通过影响个体的心理而影响健康的。心理也可以从三个方面来影响人们的健康，其一是人格；其二是认知；其三是压力。而这三者也均与社会因素具有极强的关联性，如：生长环境影响了人们的人格；人们对社会环境或事物的感知影响了人们的认知行为；工作环境造成的压力等。而在运动因素方面，对其的普遍认知是体育运动能够直接促进人们的身体健康，其中，王红漪（2011）的研究也显示，体育运动不仅能够促进人们的身体健康（生理机能），同时它也能够显著地提高人们的心理健康，如：在调节情绪、缓解压力以及降低抑郁等方面具有重要的作用。

总的来说，健康是与人类机体有关的社会、心理和生理等多个维度的综合展现，且"自评健康"已逐渐成为学者们广泛使用，信度较高的健康测评方式。既然健康是通过多个维度来综合体现的，这便为社会因素、心理因素以及运动因素对其的影响提供了一个基本前提。同时，社会因素作为影响人们健康的"原因的原因"而存在，而运动因素与心理因素则可能作为社会影响健康的其他机制来对健康产生影响，这为

---

① World Health Organization. Closing the gap in generation: Health equity through action on the social determinants of health [R]. Geneva: WHO, 2008.

本书的研究视角与关系图景提供了一定的理论基础，即："人们的体育参与历程（运动因素）在社会阶层（社会因素）与健康之间具有何种作用？"应该是探索这一复杂图景的重要未来研究取向。

2.3.2 社会阶层与健康的关系研究

尽管福利国家的全民医疗制度已实施多年，但不同社会阶层仍然由于占有资源的不同，使其与健康相关的社会资源更容易被高社会阶层群体所获得，他们通过利用这些社会资源提升了自身的健康状态。大量研究已表明，社会经济地位与人们的风险健康行为存在显著的负相关关系，正是由于社会经济地位越低，他们的生活方式就越不健康，发生风险健康的行为就越大，而社会上层群体则相反，他们的生活方式较社会底层的生活方式更为健康（比如：购买绿色蔬菜、参加健身俱乐部、居住优良环境等），从而降低了健康风险，提高了健康状态（Morris et al.，2016；Skalamera & Hummer，2016；Roshchina，2016）。

从既有研究资料来看，社会阶层对健康所产生的影响存在两条路径，其一是个体主义路径；其二是结构主义路径。其中，个体主义路径关注社会心理（相对剥夺和压力）、长寿收益、健康认知（风险认知）、自我效能（效能与能动性）以及经济条件（辅助健康行为）等方面。在心理路径方面，相对剥夺与压力理论指出，低社会阶层群体通常处于相对剥夺状态，更容易产生生活压力或负面事件，而社会中层、上层群体则受到这类的影响相对较小（Pearlin et al.，1981；Gibert，2016）。长寿收益解释了成本与收益原理，指出社会下层的健康行为收益较少，而社会上层的健康行为收益较多（如体育锻炼、合理膳食等），从而使社会上层群体更加积极地进行健康行为来提高自身健康状态（Biddle & Hamermesh，1990）。风险认知观点则指出，人们的健康行为是健康信念以及患病风险认知的反映，社会上层群体具有自身的社会资源，更容易肯定健康信念，防范健康风险，从而他们更容易参与健康行为，提高健康状况（Ferrer，2015）。效能与能动性观点指出，社会上层通常受到的教育程度更高，而教育增强了他们的信息获取、处理能力以及问题解决等效能与能动性能力，社会上层群体正是在处理健康生活控制过程中，将健康行为内化为一种健康控制，并较社会下层群体更容易坚持下来，从而表达了更高的健康状态（Mirowsky & Ross，1998）。辅助健康行为观点指出，尽管经济能力与健康之间没有直接的关系，但是如果将多余的经济资源购买一系列的健康服务，如：参加健身俱乐部、到场馆打球、购买更加健康的蔬菜水果、健康咨询等，进而提升了健康状态，而这种辅助健康行为通常被设置了较高的财力门槛，使得社会底层群体望而却步（Culter & Lleras - Muney，2010）。

由上可知，个体主义路径主要强调了个人的能动性，但这种单一的解释在反映行为对健康的复杂效应和健康行为中的社会不平等问题时就显得苍白无力，也就是说：在分析个体主义路径的健康行为与健康的关系解释时，往往会在一定程度上出现阶层差异甚至矛盾，但是结合结构主义路径则能够为其的缺陷进行有效补充，从而使其对健康的影响显得更为明确（Friestad & Klepp，2006）。结构主义路径更关注于人们因处于社会地位的不同而产生的阶层分化、居住隔离以及社会资本与网络的差异所带来的健康分化，它主要通过阶级区隔、社区机会以及社会资本等来影响人们的健康。阶级区隔理论区分了不同的地位群体，并认为他们之间的生活方式是可辨别的（马克斯·韦伯，1997）。后来，布迪厄（2013）将人们的健康行为视为一种社会实践活动，人们在特定的分层结构下，依据自己的性情倾向来选择特定的健康行为方式，反过来这种生活方式也反映了他在特定场域中的位置，比如：高尔夫体育参与者通常处于社会中上层群体等。居住隔离的观点指出：不同类型的社区为居民提供健康生活方式的机会是不同的，那些较差的社区提供的公共设施（包括：健身场所，但不限于此）通常较差，从而制约了人们对健康生活方式的选择权，影响了人们的健康状态（Powell et al.，2006）。社会资本理论指出：社会网络和社会支持有助于促进人们的健康行为（Kaljee & Chen，2011），例如：社会网络成员之间可以通过交换健康信息、传递健康行为，共同作出实施健康行为的决策并在其过程中相互监督来影响人们的健康状况（Lindström，2008）。由此可见，结构主义是从社会经济地位的分化来探讨对健康行为，乃至对健康的影响。

概括来说，个体主义路径将社会压力、健康认知、行为预期以及辅助行为视为影响健康的中间机制，这一机制侧重于对个体的反映，忽视了更高层次的结构性要素对个体的约束，当然，必然就不能考虑到社会阶层之间的标识边界。而结构主义路径视阶级区隔、社区机会以及社会资本等来影响人们的原始机制，这一机制侧重于不同群体对社会因素的反映，具有高层次健康解释的模糊性，从而缺乏对健康更为细致的解释逻辑。正如科克汉姆（Cockerham，2014）对健康生活方式的界定那样：人们根据自身的生活机会所能提供的选项进行生活选择的一系列与健康有关的集体行为模式，这一界定强调健康生活方式不仅受到结构主义路径的影响（基于自身的生活机会：如不同社会阶层具有不同的生活机会），还受到个体主义路径的影响（选择一系列与健康有关的机体行为模式：如选择体育参与的健康行为模式）。由此可以看出，个人主义路径和结构主义路径从不同的角度阐释了人们健康行为方式的选择，它们之间是相互完善与补充的。以上的理论逻辑就为本书所探讨的"社会阶层视角下体育参与历程的健康效应"问题提供了基本理论前提。

2.3.3 体育参与与健康的关系研究

人们的健康通常体现在生理因素、心理因素以及社会因素三个维度上，而体育也正是以生理为基础、以心理为中介、以社会为延伸的重要社会行为之一，它与健康有着相辅相成的深远关系（陈曙和王京琼，2016）。田恩庆等指出：体育作为我国社会大众文化形式之一，其对人们社会关系的强化、心理以及身体健康的提升均具有重要的价值意义。也正是由于体育对人类的健康具有如此重大意义，国务院于 2014 年出台了《国务院关于加快发展体育产业促进体育消费的若干意见》，将全民健身提升到国家战略高度[①]，而后续 2017 年党的十九大报告也明确突出了"广泛开展全民健身活动"的重要意义[②]。这便从政策文件上指出了运动健身对人类社会进步价值的肯定。

基于"社会—心理—生理"多维度的健康理论，体育参与对其的影响研究也将主要从这三个方面展开。

第一个方面从社会视角来看。首先，学者们确定了影响健康的社会因素，正如普南特曾所说："没有哪个领域像健康这样，与社会资本、社会信任、社会网络之间的关系如此紧密"；埃尔加等（Elgar et al.，2011）的实证研究也证明了社会资本、社会信任以及社会网络与人们的

---

① 中华人民共和国中央人民政府.国务院关于加快发展体育产业促进体育消费的若干意见［EB/OL］.（2014 – 10 – 20）. http：//www. gov. cn/xinwen/2014 – 10/20/content_2767791. htm.

② 人民网.权威发布：十九大报告全［EB/OL］.（2014 – 10 – 20）. http：//sh. people. com. cn/n2/2018/0313/c134768 – 31338145. html.

身心健康具有显著的正相关关系，并在邻里、社区、国家以及国际等层次上得到了不同程度的验证。

其次，学者们论述与验证了体育参与与这些社会因素之间的关系，为进一步分析体育参与通过这些社会因素对健康产生影响打下了坚实的基础。从既有研究资料来看，体育正在以自身独特的魅力越来越多地影响着人们的社会关系，随着"健康中国"与"全民健身"的提出，越来越多的体育形式正逐渐开展，如：社区体育、单位体育以及家庭体育等均得到了广泛开展。其中，社区体育使各会员之间在各自目的的基础上，进一步提升了彼此之间的社会交往。于永慧和林勇虎（2005）通过调查沈阳市 20~60 岁的城市居民参加大众体育与社会网络情况，发现大众体育可以扩大个人的社会网络规模，增强关系强度和加深紧密度。单位体育在员工之间具有权利责任的基础上，进一步提升了他们之间的信任与公平。仇军和杨涛（2012）的研究指出：人们能够通过参加体育组织或进行体育参与来提高成员之间的社会信任、个体之间的社会资本等。家庭体育在成员之间具有亲情的基础上，进一步加强了他们之间的情感交流，如：裴德超和高鹏飞（2013）的研究指出，许多家长鼓励孩子参加体育运动，不仅是为了提高他们的身体素质，同时还希望通过不定期的家庭体育来提高家庭成员之间的交流，并定期地参与培训班，来提高他们更好的社会融入能力。

最后，学者们正是基于"社会因素"与"健康"之间的关系、"体育参与"与"社会因素"之间的关系，从而进一步论述了"体育参与"通过"社会因素"来改变"健康"状况之间的关系。如：天恩庆等（2014）的研究指出，体育参与在通过运动负荷的直接方式提高人们身体健康的同时，还可以通过获得社会信任回报、社会资本回报以及降低社会压力回报等方式来进一步提高人们的身体健康水平。由此可见，体育参与能够在提高人们身体健康的基础上，还可以增加人们交流的机会，加深人们之间的情感交流，扩展人们的朋友圈，提高个体的社会网络、社会资本以及社会信任，最终来提高人们的健康状况。

第二个方面从心理视角来看。心理健康是对生活适应的一种良好状态，其含义应该是具有良好的社会认知、控制不良情绪以及很好的社会适应能力（张力为和毛志雄，2003）。由此来看，社会适应能力也属于心理健康内容之一。体育参与之所以能够提高人们的心理健康，主要是它能够在一定程度上避免儿童、青少年长期处于亚健康状态，减压成年人工作所带来的焦虑、敏感、多疑以及自卑等压力心理，舒缓老年人的消极情绪，且能够促进人们之间更多的互动、交流、合作、帮助等现象，从而提升人们的社会适应能力等，最终形成正确的人生观、价值观。社会心理视角指出，体育参与可以在增强体质的同时，消除精神紧张与压力，降低抑郁，从而提高人们的健康状态（Csikszentmihalyi & Wong，1991）。徐波等（2003）、霍芹和何万斌（2007）在研究社区居民的体育参与对心理健康效益的影响研究中发现，体育参与能够显著地提高人们的良好心境（心境是反映心理健康状况的有效指标之一）。

第三个方面从生理角度来看。体育参与能够提高人们的生理健康（身体健康）应该是一种社会常识。这一点无论是从国家政策文件、学者学术研究上来看，还是从现实逻辑来看，均可得以证明。从国家政策文件来看，国家领导人在 20 世纪 70 年代便已经认识到了体育健身对人民健康的重要影响，如：毛泽东在发表的《体育之研究》中明确指出了体育对人类身体健康的关键作用价值，时至今日仍然表现出重要的参考价值①，国务院于 1995 年开始实施的《全民健身计划纲要》②，也进一步看出了我国对体育运动提高全面健康的肯定。从学者们观点来看，国外学者拉布等（Lanb et al.，1990）通过对体育参与人群与不进行体育参与人群的比较发现，体育参与人群报告了更高的健康自评得分；汗等（Khan et al.，2012）的研究也进一步发现，体育参与能够产生特殊的健康效应，降低了 20% ~ 40% 的死亡发生率。国内学者田恩庆等（2014）的研究认为：体育参与可以通过运动负荷来直接作用于人们的生理机体，从而使身体产生生化反应，进而提高人们的身体健康水平。当然，从综合的视角来看，也有对体育参与带来的社会适应、心理调节以及身体健康进行了研究，并得到了体育参与均能够有效地提高这些方面的健康水平。如：姚磊等（2010）通过调查了 1800 名群众的体育参与与价值取向，发现体育参与能够显著提高人们的身体健康、心理调节、情感交流以及社会适应。

---

① 毛泽东. 体育之研究 ［M］. 北京：人民体育出版社，1979.
② 中华人民共和国国务院新闻办公室. 全民健身计划纲要 ［EB/OL］. (2019 – 07 – 15). http：//www. scio. gov. cn/xwfbh/xwbfbh/wqfbh/2015/33862/xgzc33869/Document/1458253/145825 3. htm.

其实，人们的体育参与行为所影响的健康效应不是一蹴而就的，它是一个历史态的发展过程，从目前研究来看，尽管存在大量的研究证明了体育参与对人们健康的影响，但均是从一种横截面的数据来对其进行分析与探讨的，从而缺乏一种从纵观数据将人们的体育参与放置于人生的发展历程中，来审视人们的体育参与历程（随着年龄的增长，体育参与从无到有、从少量到多量的变化）带来了怎样的健康效应，而这一点未来可能需要结合前面提到的对健康影响的结构主义路径（社会阶层）来做进一步探讨与论证。

2.4 现有理论对本研究的启示

我国于 1978 年实行了改革开放，且随着经济发展、社会进步，现今已在各个领域取得了举世瞩目的成就。但与此同时，"社会阶层的分化"（陆学艺，2002；李强，2004）、"体育正在以自身独特的魅力影响着人们的健康"（陈朋，2012）、"健康已从单一维度向多维综合转变"（Cutler et al.，1997）等内容在我国"社会结构"的改变、"全民健身"的实施以及"健康中国"的目标等多重背景下逐渐凸显出来，并演变出了"社会阶层与体育参与""社会阶层与健康"以及"体育参与与健康"等一系列的关系研究，但从既有研究资料来看，存在如下不足。

（1）研究视角：目前，尽管已有研究从社会分层的角度探讨了人们体育参与与健康状况的特征，但是缺乏一种从"历时态"（人类的生命历程）的角度，来探讨体育参与与健康的阶层差异是随着人们年龄的提升而加剧还是缓解？

（2）研究数据：既有研究资料仅是采用了某一年的横截面调查数据来探讨社会分层下的体育参与或健康差异，而缺乏从多年的纵贯数据来探讨人们的体育参与历程在社会阶层与健康之间逐步起到了怎样的作用。

（3）研究方法：正是由于横截面数据资料的限制，多数学者仅采用了多元线性回归或 Logistic 线性回归来探讨社会阶层、体育参与与健康的关系，而缺乏针对同一样本的多次调查中，采用多层模型来探讨样本随年龄的老去，它们之间的关系变化特征。

（4）研究内容：多数研究只是针对社会阶层与体育参与、社会阶层与健康以及体育参与与健康之间两两关系的探讨，而缺乏一种从"社会阶层 – 体育参与 – 健康"多维度关系出发，来探讨它们之间的深层关联机制。

由此看来，关于从"历时态"的角度来探讨体育参与与健康的社会阶层差异的研究还并不多见，且对"社会阶层 – 体育参与 – 健康"的多维关系探讨更是鲜有涉及，而从生命历程的逻辑出发，去探讨人们的体育参与历程在社会阶层与健康之间所起的深层作用机制更是悬而未决。基于此，现有研究资料对本书的启示如下。

启示一：从"历时态"的角度来探讨"体育参与与健康的社会阶层差异"是未来的重要研究方向之一，且"体育参与与健康的社会阶层差异是随着时间的流逝而加剧还是缓解"问题将是未来研究需要重点解答的议题之一。

启示二：基于纵贯数据来探讨"社会分层所带来的体育参与与健康效应"将是未来研究的重要内容，毕竟人们的体育参与行为与健康状态表达是随着年龄的老去而逐渐变化的，横截面数据尽管能够在一定程度上解释之间的关系，却无法表达同一样本的这种生命历程变化。

启示三：基于健康受"结构主义路径"（社会阶层）与"个体主义路径"（体育参与）的双重影响，未来研究需要从综合视角出发来探讨它们对健康具有怎样的作用机制。因此，对"社会阶层 – 体育参与 – 健康"之间的多维关系探讨就显得尤为重要，明确"人们的体育参与历程在社会阶层与健康之间起到了怎样的作用机制"也将是未来研究的重要议题。

基于此，本书将主要在社会阶层视角下来探讨体育参与的健康效应问题，并进一步明确以下三个问题：其一，社会阶层视角下体育参与与健康状况的差异是否存在？且这种阶层差异是随着时间的流逝而加剧还是缓解？其二，社会阶层的分化带来了怎样的体育参与与健康效应？其三，人们的体育参与历程在社会阶层的健康效应中起到了怎样的作用机制？对以上问题的解答，将为我国在"健康中国"背景下，逐步实现"全民健身"的总体目标具有重要理论意义与实践价值。

第3章
研究设计

3.1 核心概念与指标评价

3.1.1 社会阶层

社会阶层是根据人们在社会上所占有资源的不同而把人们划分成若干个社会等级，从而形成相同或相似社会地位的社会成员组成的相对持久的群体。克劳斯等（Kraus et al.，2012）指出：社会阶层是指由于经济、政治等多种原因而形成的，在社会层次结构中处于不同地位的群体，这些群体之间存在着客观的社会资源的差异以及主观上感知到由此造成的社会地位的差异。由此看来，社会分层其实就是一个国家或地区中社会内部个人或群体因占有的资源不同而形成了群体间不平等关系的不同层级。且多数学者将这种不平等表现归结为政治、经济、社会、文化以及人力等资源上的差距。从这一方面来看，社会分层应该是各个国家的一种社会现象，在现实中也是不可避免的一种普遍现象。在中国的现实社会中，由于中国的相关制度、经济、文化等因素导致了我国社会阶层体现出了越来越严重的分化特征，从而使不同社会阶层的群体具有差别性的社会地位以及自身所体现出来的一系列特征，且随着经济发展与社会进步，社会阶层逐渐表现出来了严重的职业分化，如：管理者与非管理者之间社会地位差距的不断扩大、脑力劳动者与体力劳动者之间经济地位差异的不断提升等，这正是对我国社会技术进步、经济实力提升以及各层组织发展的真实写照。

本书基于《当代中国社会阶层研究报告》，采用职业分层的方式对

CHNS 最终调查数据中的群体样本进行了社会阶层的划分。之所以采用职业分层来划分社会阶层，主要是由于我国的现实社会背景，职业分化在反映一个人家庭背景、教育程度、工作经历以及经济地位的基础上，还在很大程度上代表了制度、结构、思想以及行动的社会阶层差异，它正是社会在历史发展过程中各类维度的显现性结果。同时，本书在基于社会阶层理论中职业分层的手段对调查资料进行划分过程中存在如下问题：其一，高收入群体调查困难，即由于收入、财富以及个人隐私的刻意隐瞒，因此导致许多数据的缺失；其二，职业阶层划分的模糊性，以职业划分社会阶层存在相互交错的现象，尤其是在社会上层与社会中上层、社会中下层与社会下层之间表现得更为突出。

基于此，本书在以上社会阶层划分标准与现实资料存在问题的基础上，为便于后续展开讨论并进行数据分析，将行政官员与企业管理者阶层（政府官员、司局长、行政干部、厂长等）、高级知识分子阶层（如：教授、医生、建筑师、工程师等）划分为上层，将初中级知识分子阶层（教师、编辑、护士、摄影师等）、办事员阶层（秘书、办公室工作人员、办事员等）划分为中层，将技术工人与服务行业阶层（包括：车间工人、工艺工人、厨师、服务员、理发员等）、农民与非技术工人阶层（包括：伐木工、普通工人、农民、渔民、猎人等）划分为下层。

3.1.2 体育参与

在体育社会学领域，体育行为学理论解释了如何预测并激发人们的体育行为机制，从而能够有效地引导并调控体育行为，促进体育参与，进而提高人们的健康状态。由此来看，体育行为是人们基于现实资源（占据的社会资源、体育资源以及公共体育资源等，这也是社会阶层对人们的体育参与具有影响的根源性原因（胡小勇等，2014），为了实现自己的体育参与目的所达成一种健康实现的实践活动。因此，体育参与所产生的健康效果也是显而易见的，比如：不仅促进了人类的身心健康，还完善了人类的整体机能；不仅促进了人们的社会交往，还协调了人际关系；不仅满足了自我实现，还得到了应有的尊重。由此，卢元镇（2004）将体育参与界定为：人们为了实现身心健康、活跃文化氛围以及加强社会交往等目的，采用体育锻炼，娱乐休闲体育或健美体育等方法进行有意识、有机会的体育行为，由此看来，体育参与不仅是简单的参加体育活动，而且还强调参与者在体育活动中认知、情感以及交流的卷入（刘海燕和于秀，2005）。且现今来看，体育参与作为现代社会中人们经常参与的一种社会普遍行为现象，它既是社会成员实现社会化的重要途径，也是人们提高自身健康的一种有效手段。

基于以上逻辑，要想探讨社会阶层视角下的健康效应机制问题，必然需要统计体育参与指标，来进一步探讨人们的体育参与历程在社会阶层与健康状况之间起到了怎样的作用机制。基于此，本书根据调查数据资料（CHNS 追踪调查数据中涉及了详尽的体育参与相关信息，这为实现本书的研究目的提供了极大方便）选取指标如下："平均每周参加几次体育锻炼？""您是否参加这些活动，选项有：功夫、武术、舞蹈、体操、田径类项目、游泳、散步、篮球、足球、排球、羽毛球、网球、乒乓球、太极以及其他类项目等"，并询问了"平均每次体育活动进行多长时间"等问题。因此，本书将每周至少参加 1 次体育活动，且每次活动时间达到 30 分钟以上的人群定义为体育参与人口，否则为非体育参与人口。同时，本书还保留了体育参与程度作为一个连续性变量进行考量，即：每周参加 0 ~ 7 次（剔除了缺失值、异常值等样本）。①

3.1.3　自感健康

世界卫生组织指出：健康不仅是躯体的强健，还是自身心理与精神达到适应社会的良好平衡状态②。由此可见，随着社会的发展，仅从生理上评价健康已不能满足人们对健康的真正要求，健康观念已由原先的"无疾病即健康"到"多元社会健康"的认知转变，即：由原先强调"身体的健康"到"社会－心理－生理"的整体健康状态转变。目前，针对人们健康状态的测评，不同研究领域存在一定差异，在社会流行病学领域中，健康通常采用医学健康指标来测量，比如：发病、死亡率等（Lowry & Xie，2009）。在社会学领域中，健康通常采用自评健

---

① 由于本书在第 4 章中还分析了体育参与人口占各阶层人口的比例，来展现目前我国体育参与人口的发展形态问题，因此，设定了体育参与人口指标，并将"体育参与 = 0"设置为是否是体育参与人口，回答为"否"；"体育参与 = 1 ~ 7"时，设置为是否是体育参与人口，回答为"是"。

② World Health Organization. Closing the gap in generation：Health equity through action on the social determinants of health ［R］. Geneva：WHO，2008.

康指标来对其进行操作化处理（Braveman，2006）。他们的主要差别在于前者需要解决健康中存在的疾病康复问题，而后者则不在于此，主要研究社会中影响健康的社会（如阶层差异）、行为（体育参与）因素等。

尽管在不同研究领域中，针对健康的测评手段多种多样，但基于人们对健康的认知转变（从强调"身体的健康"到"社会－心理－生理"的整体健康状态转变），我们也认识到了现今社会人们的健康已是对自己的身体健康、心理健康以及社会健康的综合感知。而社会学中的"自感健康"则正是测评这一综合健康认知的最有效指标，它是指：将个体置于社会中，对自身过去、现在与将来的客观身体状况与主观心理健康水平的社会综合感知（邱慧娟等，2010）。这一健康指标使人们在评价自身整体健康状态的时候，表现出需要在考虑自身身体健康的同时，还需要考虑诸多自身的心理健康与社会认知的相关综合因素。且现今，该指标已被国内、外广大学者们普遍认为，它既是死亡率和身体疾病状况的一个有效预测指标，也是评价人体健康状况的一个可靠指标，并能跨越不同的种族群体，有效捕捉不同年龄人群的健康差异（Ferraro & Melissa，1999；Idler & Benyamini，1997；孟琴琴和张拓红，2010）。

基于此，本书在认识到"自评健康"的有效性基础上，考虑到研究的经济性与便捷性，选取"自评健康"指标来对人们的健康状态进行评价。且在医学社会学、公共健康以及健康社会学领域中，如果将基于 1~5 分测评的自评健康作为因变量来构建模型时，他们认为将其视为连续变量和定序变量来处理所得的结果是一致的，并为了模型的简化与解读，通常将其视为连续变量来处理（Chen et al.，2010；Wilkinson et al.，2012），也正基于此，我国大多数学者在对健康进行相关研究时，也延续了这一传统（胡安宁，2014），因此，本书也将"自评健康"视为连续变量进行操作化处理与分析。在 CHNS 追踪调查资料中，问题是："与其他同龄人相比，你认为你现在的健康状态怎么样？"选项为：1 代表很好，2 代表好，3 代表中等，4 代表差，5 代表很差。在实际数据资料的整理过程中，为了解释方便，本书将健康评价数值进行了正向调整，即修改为 1 代表很差，2 代表差，3 代表中等，4 代表好，5 代表很好。

3.1.4 人口统计学特征

目前，从既有研究资料来看，影响人们体育参与或自评健康的影响因素非常多，其中地区、性别、户籍、教育、年龄、婚姻以及收入等人口统计学变量均是重要影响因素，且通常情况下表现出相对优势群体的体育参与频率高于相对劣势的群体的体育参与频率（彭大松，2012），如：史密斯等（Smith et al.，2009）通过对加拿大的全国调查发现，体育参与有着教育程度的差异，其中受教育水平更高的群体将报告更高程度的体育参与；相对优势群体的健康状况也通常高于相对劣势群体的健康状况，如：受教育程度高的群体、结婚群体、城市居民以及男性群体的自评健康状况通常较高（孙其昂和李向健，2013；郭慧玲，2016）；有学者通过15年的数据统计资料发现，职业本身对男性的健康回报要高于女性，且随着年龄的提升，这种健康回报的差异将逐渐扩大，出现优势累积效应（Zheng，2013）。

基于对文献资料的梳理，其中地区、性别、婚姻、户籍、教育、年龄、收入等均对居民的体育参与与健康状况具有较大的影响，因此，本书在汇总人口统计学特征时，主要涉及这些变量。其中：鉴于我国巨大的区域差异，我们将所调查的省份分为四个区域，包括：西部地区 =0，中部地区 =1，东北地区 =2，东部地区 =3；性别为二分变量，其中女性 =0，男性 =1；户口为二分变量，农村 =0，城市 =1；婚姻为二分变量，未婚 =0，结婚 =1；年龄为受调查者当年的实际年龄（单位：岁）。收入为被调查者的人均家庭收入，本书考虑到所使用的 CHNS 追踪调查数据历经 1997～2015 年近 20 年的历程，因此，需要充分将通货膨胀等因素进行考虑，为了便于各年份之间的纵向比较，因此，笔者采用了人均家庭收入膨胀到 2015 年的收入水平（单位：万元）。教育程度为连续变量，本书采用调查原始问卷中对不同教育程度的连续编码，其中问题为："你受过几年正规的学校教育？"没上过学记作 0，1 年小学记作 11，2 年小学记作 12，3 年小学记作 13，4 年小学记作 14，5 年小学记作 15，6 年小学记作 16，1 年初中记作 21，2 年初中记作 22，3 年初中记作 23，1 年高中记作 24，2 年高中记作 25，3 年高中记作 26，1 年中等技术学校记作 27，2 年中等技术学校记作 28，3 年中等技术学校记作 29，1 年大学记作 31，2 年大学记作 32，3 年大学记作 33，4 年大学记作 34，5 年大学记作 35，6 年大学或更多记作 36。

3.2　分析框架与研究假设

3.2.1　分析框架

为了研究社会阶层视角下体育参与历程的健康效应研究，本书的研究逻辑如图 3-1 所示。

首先，基于选题背景与研究意义，提出研究问题，本书将主要探讨以下问题：（1）社会阶层视角下体育参与与健康状况的差异是否存在？且这种阶层差异是随着时间的流逝而加剧还是缓解？（2）社会阶层的分化带来了怎样的体育参与与健康效应？（3）人们的体育参与历程在社会阶层的健康效应中起到了怎样的作用机制？从这三个问题可以看出，它们是紧密相连的，也就是说，前面的问题是后面问题的基础，如：只有社会阶层视角下存在体育参与与健康的差异现实，才能进一步分析这种不均衡是随着时间的流逝而加剧还是缓解，也只有以上问题存在事实，那么才能进一步分析社会阶层如何影响了人们的体育参与与健康状态，当然，也只有明确他们之间存在这种影响与被影响的关系，才能进一步分析"人们的体育参与历程在社会阶层与健康之间起到了怎样的作用机制？"这一问题。

其次，基于对文献资料的梳理以及对研究问题的认识，本书将提出针对解答研究问题的 11 个假设，具体假设见下一节的研究假设部分。

再次，基于研究假设，本书做了三个部分的实证，主要包括：社会阶层视角下体育参与与健康不平等部分、社会阶层的体育参与与健康效应部分、体育参与历程在社会阶层与健康之间的作用机制部分。其中，第一部分主要是解答"体育参与与健康的阶层差异是否存在以及如果存在，那么这种阶层差异是随着时间的流逝而加剧还是缓解"，而第二部分主要是解答："社会阶层的分化带来了怎样的体育参与与健康效应？"第三部分则主要是解答："人们的体育参与历程在社会阶层的健康效应中起到了怎样的作用机制？"

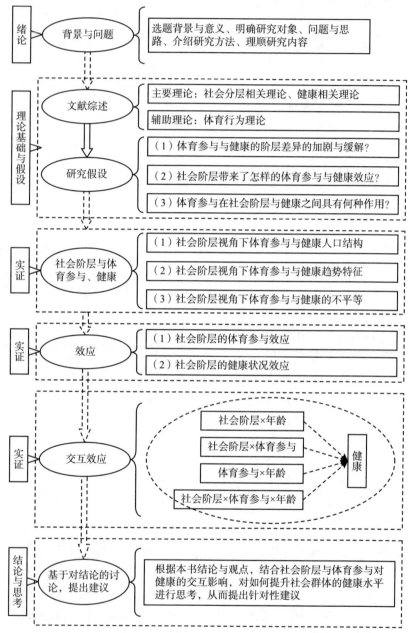

图 3 – 1 "社会阶层视角下体育参与历程的健康效应研究"分析框架

最后，本书基于体育参与与健康状况的阶层差异现状与变化趋势、社会阶层的体育参与与健康效应以及人们的体育参与历程在社会阶层与健康之间所起到的作用，笔者对社会群体健康问题进行了思考，并提出了三个提升社会群体健康的针对性建议，以期在"健康中国"与"全民健身"的国家政策背景下，为实现我国的全民健康提供一定的资料支撑与政策选择。

3.2.2　研究假设

1. 社会阶层视角下体育参与与健康不平等的加剧与缓解？

根据前面对文献资料的梳理，我们可以了解到，社会阶层的高低能够导致不同的体育参与和健康状态，从而表现出体育参与与健康状态的阶层不平等现象。也正是因为现今社会存在这些不平等问题，在进入21世纪以来，公平健康便成为国际组织和各国政府追求的政策目标，并把消除健康不公平作为卫生改革与发展的重点目标之一（饶克勤，2004），其中，促进居民的体育参与是人们消除健康不平等的一项重要手段，但是，随着时间的流逝，体育参与的不平等问题也逐渐出现，这就让国家所推崇的体育参与解决健康不平等问题受到质疑。因此，相关政府单位以及学者们应该关注的现实问题便是：这种由社会阶层所导致的人们的体育参与与健康状态梯度是随着时间的流逝而加剧还是缓解，或者有何种演变？这是现今我们社会学与体育社会学领域急需验证并解释的现实问题。

体育参与的阶层差异假说。基于"挤出效应"与"马太效应"原理，由于随着经济进步与社会发展，我国社会阶层逐渐强化，中、高社会阶层群体会通过自身的社会资源优势，逐渐扩大对体育资源的占有，如：通过体育消费对底端利润的体育消费产生"挤出效应"，并吸引体育服务、体育产品等服务业将目标向中、高社会群体定位，从而高社会阶层群体在扩大了自身体育资源的同时，减少了社会底层群体的大众体育资源，最终形成"马太效应"的出现。也正是由于这样的一拉（挤出效应）一推（马太效应），两者共同导致了人们体育参与平等机会的降低，从而表现出随着时间的流逝，高社会阶层群体具有更高的体育参与程度，而低体育阶层群体具有更低的体育参与程度。基于此，近20

年来，体育参与的阶层差异可能逐渐表现出加剧趋势。

健康状况的阶层差异假说。也正是基于"挤出效应"与"马太效应"原理，以及我国社会阶层的逐渐强化，从而逐渐表现出不同社会阶层群体之间的健康不平等问题。西方发达国家的经验表明，随着社会不平等的出现，健康的社会阶层不平等现象将表现出增长趋势，如：罗斯和吴（Ross & Wu，1996）通过三年的数据发现，社会阶层中教育程度所导致的人们健康状况（自评健康、生理性健康或生活自理能力）差异随着年龄的增长而进一步扩大，威尔森等（Willson et al.，2007）则通过对17年的PSID数据统计发现，社会经济资源维度（教育维度、收入维度、财富维度等）所导致的健康差异随着年龄的增长逐渐表现出加大的趋势；奥兰德（O'Rand，1996）的研究也指出，社会优势群体通常情况下会维持一种持久的优势，而这种优势由于长期的累积效应，从而使优势进一步扩大。当然，类似的结论在国内学者中也得到证实，如：李婷和张闰龙（2014）通过分析"中国老年人口健康状况调查（CLHLS）"，发现城市老年人与农村老年人的自评健康差距随年龄的增长而提升。

基于以上分析，本书提出如下假设：

假设1：近20年间，社会阶层视角下人们的体育参与逐渐出现分化，并表现出体育参与的阶层差异。

假设2：近20年间，社会阶层视角下人们的健康状态逐渐出现分化，并表现出健康状态的阶层差异。

2. 社会阶层带来了怎样的体育参与与健康效应？

林克和菲伦（Link & Phalen，1995/2000）认为：与健康相关的社会资源（包括体育资源）更易于被社会中上层人士获得，他们通常可以较为方便地利用这些社会资源来保证自己的健康状态（包括通过医疗治疗、社会参与、体育参与、社会服务来保证自身健康），因此，社会阶层被视为"健康不平等的根本性因素"。但是，从前面对健康影响因素的相关研究理论梳理后，我们也可以了解到，运动因素（体育参与）是作为人们健康的直接影响因素而存在的，即：人们进行体育参与，也是为了提高自身的健康状态。体育参与作为人类行为的一项重要社会参与活动之一，其针对于此的相关研究主题可以归结为两个观点：其一是社会唯识论；其二是社会唯名论。社会唯识论指出：社会是一个由各种制度和规范构成的有机整体，社会外在于个人，并对个人具有强制性，其研究方法必然是从社会结构与人们行为的关系上进行研究，比如，社会阶层（社会结构）的不同影响了人们的体育参与（人们的社会行为）。而社会唯名论则提倡个人是社会学研究的对象，认为个人的实际存在与能动性，其研究方法必然就从个人行为动机、目的以及意义等一系列内容研究，比如：人们体育参与的目标或动机是健康，人们为了追求健康而产生体育参与行为。

但在以往研究中，学者们只倾注于解释人们体育参与与行为动因之间的关系，而缺乏从社会结构的视角来解释人们体育参与的行为现象，其实，社会阶层不仅是"健康不平等的根本性因素"，它还是"体育参与不平等的根本性因素"。现今，多数学者已经指出，社会阶层的提高，能够显著提高人们的体育参与程度以及得到更多的健康回报，如：美国学者威尔逊（Wilson，2002）在对社会阶层与体育参与之间关系的探讨中发现，社会阶层越高，人们参与体育的比例就越大；马亚娜和刘艳（2004）的研究指出，较高社会阶层群体的健康改善程度明显好于较低社会阶层；焦开山（2014）也认为，在中老年群体中，社会经济地位较高者，将具有更少的抑郁症和更优的身体功能，从而表现出更高的自评健康状态。由于本书的数据资料是来自 CHNS 追踪调查数据，因此，结合本书的研究目的，拟将不同社会阶层群体下人们的体育参与与健康状况置于人类生命历程的理论高度，即：人们的个体特征及其转变是在人的一生之中进行的（Mayer，2009），如：人们在一生中的体育参与从无到有，从少量到多量的变化；人们在一生中的健康状态是从非常健康到一般，从一般到不健康的变化。那么，人们在自身的生命历程中（随着年龄的增长），其社会阶层的不同，带来了怎样的体育参与与健康效应呢？笔者通过文献梳理，得到以下逻辑。

累积优势与劣势效应假说。在人类生命历程中，社会阶层是人们一生中所面临各种不平等的重要社会机制，其中，"累积优势与劣势效应"就是一个逐渐发展起来的假说之一。它由默顿（Merton，1968）提出，并得到了学者们普遍的验证。该假说是指某一群体所具有（另一群体不具备）的优势资源会随着时间的流逝逐步积累并扩大，意味着该优势资源的不平等分配差距随着时间的推移而进一步加大（Diprete & Eirich，2006）。正是基于这一逻辑，积累优势在增大个人面临的机遇同时，劣势（资源占有）也增加了个人所面临的风险，它在一定程度上说明了即便起初细微的差异存在，随着时间的延续与积累，将使处于劣势状态的个人或群体将在后续更难以赶超起初处于优势状态的个体或群体。不同社会阶层群体的体育参与与健康的不平等现象正是如此，起初，由于人们占有细微差别的社会资源，从而他们的体育参与与健康状况也仅存在微弱的差异，但是，随着年龄的增长与老去，人们占有的社会资源也逐渐分化（社会阶层），优势群体通过优势累积效应将逐渐获得更多的社会资源（包括体育资源），从而提高了他们的体育参与程度或缓解了他们的健康状态下降幅度，而劣势群体则由于所占社会资源有限，难以赶超优势群体，从而将自身逐渐置于一种更加弱势的境地，比如：人们的健康通常是随着年龄的增长而表现出下降趋势，但社会底层群体可能下降幅度更大（占有社会资源的限制以及长期暴露于健康风险因素之中，必然会使他们较社会中、高层群体具有更大的健康风险）。基于此，可以提出如下假设：

假设 3：随着社会阶层的提升，人们的体育参与逐渐提高。

假设 4：随着年龄的增长，因社会阶层导致的体育参与不平等会逐渐增大。

假设 5：随着社会阶层的提升，人们的健康状态逐渐提升。

假设 6：随着年龄的增长，因社会阶层导致的健康状况不平等会逐渐增大。

年龄中和效应假说。该假说指出：在年龄对人们体育参与或健康状态的效应分析中，当人们进入老年阶段，人们的社会地位会得到缓解，从而表现出随着年龄的提高，其社会阶层所带来的体育参与与健康状态的不平等程度将得到逐渐缓解，从而表现出社会因素对健康行为（体育参与）或健康状态的影响效果会降低，而生物性衰老机制则更能预测人们的健康行为（体育参与）或健康状态（House et al.，1994）。如：克里斯滕松和约翰逊（Christenson & Johnson，1995）的研究发现，健康的阶层差异随着年龄的增长并没有变化，甚至有缩小的趋势；金和德登（Kim & Durden，2007）的研究指出：健康行为或健康的阶层差异随着年龄的增长在青年期、中年后期表现出逐渐扩大的趋势，但是当到老年后期，将逐渐表现出缩小或趋同的趋势。由此，将社会阶层下人们的体育参与与健康状况放眼于他们的生命历程中，并基于"年龄中和效应假说"，可以提出如下假设：

假设7：随着年龄的增长，因社会阶层导致的体育参与不平等会逐渐降低。

假设8：随着年龄的增长，因社会阶层导致的健康状况不平等会逐渐降低。

3. 体育参与历程在社会阶层的健康效应中具有何种作用?

通过对文献资料的梳理，我们认识到：现今，多数研究只是针对社会阶层与体育参与、社会阶层与健康以及体育参与与健康之间两两关系的探讨，而缺乏一种从"社会阶层－体育参与－健康"多维度关系出发，来探讨他们之间的深层关联机制。同时，考虑到目前少有研究从人类生命历程的逻辑来分析它们之间的多维关系，且探讨人们的体育参与历程在社会阶层与健康状况之间具有怎样的逻辑关系更是悬而未决，因此，本书将针对"人们的体育参与历程在社会阶层与健康状况之间具有何种作用?"这一问题做出如下逻辑分析。

既有研究资料显示，人们的健康应该受到了"结构主义路径"（如社会阶层）与"个体主义路径"（如体育参与）的双重影响。也正是由于个体主义路径强调个人能动性，忽视了高层次的社会结构要素对个体的约束，因此，在反映行为对健康的复杂影响中无法解释健康的社会不平等问题（即无法识别社会阶层之间的标识边界）；而结构主义路径则关注于人们处于社会地位的不同而产生的健康阶层差异（社会阶层被视为影响人们健康的原始机制），而缺乏对健康更为细致的解释逻辑，由此便使社会阶层、体育参与在对健康的影响中具有相互完善与补充的作用。

社会学所说的社会分层是依据一定有社会意义的属性，一个社会的成员被区分为高低有序的不同等级、层次的过程与现象，并基于这一过程与现象，学者们将社会阶层界定为：是指拥有相同或类似社会地位的人们所形成的团体或群体（戴维·波普，1999；郑杭生，2002）。既有研究显示，社会阶层的提升能够影响人们健康行为和健康状态的变化，如：王甫勤（2017）的研究发现，由于社会上层群体在社会结构中处于优势位置，占据了更多的社会资源，他们能够更方便地做出有利于自身健康的生活方式选择，其中体育参与作为一种人类健康生活方式之一，便也就成为他们生活方式选择的重要内容之一；乔纳森·特纳（2007）认为：不同的社会阶层群体在一定程度上意味着人们所占有资源的数量与品质的不同，它能够通过健康行为选择、抵御情感或心理问题从而对人们的健康具有积极影响。

那么，社会阶层与体育参与是如何对人们的健康产生更为复杂的交互影响的呢？目前，学者们针对健康行为方面的社会阶层研究得到了一个较为统一的观点：即：具有高社会经济地位者的健康生活方式（如体育参与）较低社会经济地位者的健康生活方式更加健康。同时，体育参与作为社会参与的一种健康行为形式，带有浓厚的社会属性，人们在体育参与过程中，不仅能够提高自身的身体健康，同时，还会通过进一步拓展人际交往网络，增进相互信任，提高社会资本来进一步提高人们的社会心理健康状态（Putnam et al.，1994）。由此可知，高社会阶层群体如果具有更高的体育参与程度的话，那么体育参与将很可能在社会阶层的变化中起到进一步强化健康的作用。当然，如果将体育参与行为放置于人生的发展历程中，那么人们的体育参与行为必定是随着年龄的提升而变化的，如个体在一生中从不参加体育运动到参加，从少量参与体育运动到多量参与体育运动等。这就需要探讨在人们随着年龄的增长，健康状况表现出逐渐降低的过程中，其体育参与历程能否在一定程度上缓解这一问题。社会发展到今天，各国针对体育参与与健康之间的关系已经达成了一个基本认知，体育参与能够提高人们的健康状态：它能够促进儿童良好的身体发育，能够使青少年快速地提高身体素质，能够使成年人具有强壮的体魄，能够使老年人保持充沛的体能。蔡赓等（2004）的社会调查中发现，体育参与在使人们获得运动愉快感的同时，能够改善紧张、抑郁、疲劳、焦虑以及愤怒的不良情绪，从而提高身体健康。由此可见，笔者认为，尽管体育参与无法阻止由于人们随着年龄的老去，健康状态逐渐下降这一事实，但是它能够在一定程度上起到年龄对健康影响的抑制作用，即能够降低健康随年龄老去的下降效率。

同时，我们也可以理解到，在人们的生命历程中，无论是处于哪一社会阶层，进行怎样的健康行为参与，都无法避免人们的整体健康状况将表现出逐渐下降的趋势。只是，随着年龄的增长，人们的体育参与对健康的影响可能存在阶层差异，这也正是从"结构主义路径"（社会阶层：缺乏对健康更为细致的解释逻辑）和"个体主义路径"（体育参与：无法识别社会阶层之间的标识边界）来互为补充解答人们健康的实际成因。且从既有研究资料来看，也少有研究关注人们体育参与历程的健康不平等随年龄发展轨迹在不同社会阶层群体中所起的作用是否一致（George，2005）。至此，社会分层、体育参与以及年龄所导致群体的健康状态呈现了一个更为复杂的图景，并基于以上逻辑阐述，提出如下假设：

假设 9：随着社会阶层的提高，人们的健康状态逐渐提升，体育参与可以强化这种作用效果。

假设 10：随着年龄的增长，人们的健康状态逐渐下降，体育参与可以缓解这种作用效果。

假设 11：体育参与在人们健康随着年龄的老去而逐渐下降过程中所起到的缓解作用存在阶层差异。

3.3 数据来源与分析方法

3.3.1 数据来源

本书采用的数据资料来自中国疾病防控中心与美国北卡罗来纳大学人口中心合作发起调研的调查项目——中国健康与营养调查（China health and nutrition survey，CHNS），从 1989 年得到美国国立卫生研究所资助后，到目前为止已开展了二十余年，主要在 1989 年、1991 年、1993 年、1997 年、2000 年、2004 年、2006 年、2009 年、2011 年以及 2015 年通过分层设计的多阶抽样方法对中国部分省份（调查范围覆盖了中国 1/3 的中国人口）的调查样本进行了追踪调查（2018 年最新公布了 2015 年调查数据）。在随着经济发展与社会进步的过程中，逐步丰富了调查资料与数据，现今其调查内容涵盖了调查样本的人口学特征、社会经济状况、卫生服务、社区环境、体育参与、健康状况以及营养与膳食等一系列相关内容。目前，由于该调查具有非常高的信度、效度，因此得到了国内、外各领域研究机构与学者的高度认可，并基于这一追踪调查产生了大量的高质量研究成果。现今，相关研究已指出，CHNS

中的个人与家庭特征数据与全国性样本所表现出来的特征具有可比性
（Du et al. ，2002）。

样本数据选取步骤如下：首先，从 CHNS 统计资料中选取与本书相
关的变量指标，包括：人口统计学特征、体育参与、自评健康等相关指
标。从而构成了初始数据库。其次，由于在数据库中存在不作答、不知
道、缺失值、异常值以及死亡者等情况，基于此，本书对这些数据进行
了剔除，从而保证了数据资料的完整性。再次，笔者将相关指标进行了
初步的统计分析，从而形成本书所需要的核心变量，比如：体育参与指
标，基于以往研究资料（彭大松，2012），该指标通过计算得到二分变
量，即：体育参与人口用 1 表示，非体育参与人口用 0 表示（当然，体
育参与程度指标是指人们每周的体育参与次数，该指标仍然保留）。最
后，由于本书的研究目的是探讨社会分层视域下体育参与历程的健康效
应问题，研究对象不应该包括在校学生①，因此，基于"您目前是否在
上学（编码：A13）"这一问题剔除了在校学生样本。

最终，笔者获取了 1997 年调查的 7290 个样本，占获取总样本数据
的 25.3%；2000 年调查的 5647 个样本，占获取总样本数据的 19.6%；
2004 年调查的 5117 个样本，占获取总样本数据的 17.8%；2006 年调查
的 5305 个样本，占获取总样本数据的 18.4%；2015 年调查的 5438 个样
本，占获取总样本数据的 18.9%。综合来看，共获取有效样本 28797 个数
据作为本书的基本研究资料。本书所有变量信息统计如表 3 - 1 所示。

表 3 - 1　本书所有变量信息情况统计一览表（每年的详细数据见附录）

变量	操作化	均值	最小值	最大值	标准差
区域	西部地区 = 0 中部地区 = 1 东北地区 = 2 东部地区 = 3	1.385	0	3	1.126

---

① 样本剔除在校学生原因有二：其一，由于在校学生无工作，因此基于职业划分的社会
分层中不包括对学生进行社会阶层的划分；其二，由于学校把体育安排为一门必修课，因此如
果添加学生群体，必然将显著提高某一群体的体育参与率，在这种情况下探讨不同社会阶层下
体育参与的健康效应所得的结果就会不准确，因此本书为了确保尽量反映不同社会阶层的体育
参与与健康特征，以及社会阶层与体育参与的健康效应情况，本书所研究的样本为非在校学生
样本。

变量	操作化	均值	最小值	最大值	标准差
户籍	农村 = 0 城市 = 1	0.334	0	1	0.472
性别	女性 = 0 男性 = 1	0.540	0	1	0.498
年龄	单位：岁	42.290	8	91	12.79
婚姻	未婚 = 0 结婚 = 1	0.846	0	1	0.361
教育程度	没上过学 ~ 6 年大学或更多操作 化为 0 ~ 36 的连续性变量	19.94	0	36	8.527
人均家庭收入	单位：万元	1.063	− 7.81	113.21	2.103
社会等级	社会中下层 = 0 社会中层 = 1 社会中上层 = 2	0.280	0	2	0.616
社会阶层	行政官员与企业管理者阶层 = 5 高级知识分子阶层 = 4 初中级知识分子阶层 = 3 办事员阶层 = 2 技术工人与服务行业阶层 = 1 农民与非技术工人阶层 = 0	0.866	0	5	1.397
体育参与	每周参加几次体育活动，具体次 数：0 ~ 7	0.134	0	7	0.535
体育参与人口	每周参加至少一次体育活动为体 育参与人口 = 1；不参加体育活 动为非体育参与人口 = 0	0.091	0	1	0.287
健康	很差 = 1；差 = 2；中等 = 3； 好 = 4；很好 = 5	3.779	1	5	0.738

注：以上资料是对调查样本在 1997 年、2000 年、2004 年、2006 年、2015 年的调查数据，N = 28797。

3.3.2　研究方法

本书涉及两个重要因变量，其一是体育参与，其二是健康状况。其中体育参与用每周参加体育锻炼的次数（本书选取的是每次 30 分钟以上的群体样本）来表示，因此为连续性变量。而针对自评健康变量，笔者也将其作为连续变量进行相关处理，主要原因如下：目前，大部分研究在对关于自评健康状况的研究中均认为，将其视为连续变量和定序变量来进行处理其结果是一致的，且将其视为连续变量来进行处理更利于模型的简化与解读（胡安宁，2014）；从美国医学社会学和公共健康类的相关资料来看，也能够进一步说明这一点（Hen et al.，2010；Wilkinson et al.，2012）。基于此，本书也将其视为连续性变量来进行处理。

由于本书采用的数据库是 CHNS 追踪调查数据库，该数据库中所调查的数据是纵贯性数据，即个体调查的资料在不同年份中被反复观察与记录，不同个体在年份的调查数据必然嵌套于个人之中，存在数据的分层结构。因此，本书采用分层线性模型（hierarchical linear models），来处理惯性数据中个人数据随时间变动的情况（Raudenbush & Bryk，2002；Singer & Willett，2002）。该模型不仅允许我们在探讨个体之间和个体之内的体育参与与健康变化，还允许我们所探讨的个体数据可以是不同次数的观察，从而使我们最大限度地利用纵贯数据信息资料来验证之前所提出的研究假设，最终完成本书的研究目的。

由于个人的体育参与状况或健康状况的起始状态不同，即截距不同，同时，他们的变化比率也存在差异，即斜率不同。因此，模型中的截距与斜率是随着个人间变化而变动的，对于本书来说，起始年份中（1997 年）有的人进行体育参与，有的人不进行体育参与，有的人在几年内提升了体育参与程度，而有的人在十年后才提升体育参与程度；有的人健康状况低，有的人健康状况高，有的人健康状况下降快，有的人健康状况下降慢。正是基于以上原因，本书在估计个体体育参与、自评健康在随着年龄变化轨迹的异质性中，采用第一层模型（个体之内模型）公式，具体如下：

（1）体育参与效应模型，如式（3-1）所示：

$$\text{Sport}_{ti} = \pi_{0i} + \pi_{1i}\text{Age}_{ti} + \sum_{j=1}^{M} \pi_{ji}(X_j)_{ti} + e_{ti} \qquad (3-1)$$

（2）健康效应模型（与体育参与效应模型是独立的，下同），如式（3-2）所示：

$$\text{Health}_{ti} = \pi_{0i} + \pi_{1i}\text{Age}_{ti} + \pi_{2i}\text{Sport}_{ti} + \pi_{3i}\text{Sport} \times \text{Age}_{ti} +$$
$$\sum_{j=1}^{M} \pi_{ji}(X_j)_{ti} + e_{ti} \qquad (3-2)$$

上述模型中，i 代表了样本调查的个体，t 是调查时间，因此，Sport$_{ti}$ 代表个体 i 在时间 t 时的体育参与情况，而 Health 则是个体的自评健康水平；Age$_{ti}$ 便是个体 i 在时间 t 时的年龄（中心化处理，减去均值 42.2890231，未取约值）；对于个体 i 而言，系数 π$_{0i}$ 是在平均年龄处的体育参与得分或健康得分，即：体育参与截距或健康截距。π$_{1i}$ 是个体体育参与或健康随年龄变化的斜率；π$_{2i}$ 是体育参与分值提高对应的自评健康状态变化期望值；π$_{3i}$ 则代表年龄与体育参与对个体健康状态变化斜率的交互影响期望值；X$_j$ 是随时间变化的控制变量，如：收入、婚姻等；e$_{ti}$ 是个人 i 在时间 t 时的残差，服从均值为 0，方差为 σ 的正态分布。

同时，为了明确个体体育参与与健康轨迹的变动异质性，并探索社会阶层与个体层面的人口统计学特征对个体的体育参与与健康状态影响的变化轨迹，第二层模型构建如下（个体之间模型，其中 Stratum 代表社会阶层，Z$_j$ 代表户籍、区域、教育程度①、性别等）：

（3）截距参数模型，如式（3-3）所示：

$$\pi_{0i} = \beta_{00} + \beta_{01}\text{Stratum}_i + \sum_{j=1}^{M} \beta_{0j}(Z_j)_i + r_{0i} \qquad (3-3)$$

（4）斜率参数模型，如式（3-4）~式（3-6）所示：

$$\pi_{1i} = \beta_{10} + \beta_{11}\text{Stratum}_i + r_{1i} \qquad (3-4)$$

$$\pi_{2i} = \beta_{20} + \beta_{21}\text{Stratum}_i \qquad (3-5)$$

$$\pi_{3i} = \beta_{30} + \beta_{31}\text{Stratum}_i \qquad (3-6)$$

式（3-3）测量的是式（3-1）和式（3-2）中的截距参数（π$_{0i}$），式（3-4）、式（3-5）以及式（3-6）测量的是式（3-1）和式（3-2）中的斜率参数（π$_{1i}$、π$_{2i}$、π$_{3i}$）。式中 β$_{pq}$ 则是固定效应模型参数，代表了社会阶层个体特征对式（3-1）和式（3-2）模型中截距与斜率参数的影响，其中 β$_{00}$、β$_{01}$ 是测量社会阶层对体育参与或健康第一层模型中截距的影响；β$_{10}$、β$_{11}$ 是测量社会阶层对体育参与或健

---

① 本书在样本整理过程中，在剔除缺失值、不知道、异常值以及死亡者的基础上，还剔除了上学的学生群体，因为，随着国家对体育的重视以及学生健康素质的逐渐降低现实，体育课程成为学生的一门必修课，添加学生群体样本，将影响本书对社会阶层与体育参与、体育参与与健康以及体育参与在社会阶层与健康之间具有怎样的作用价值关系的探讨，基于此，本书不包括学生群体，因此教育程度设定为不随时间而变化的变量。

康变化斜率的影响；β_{10}、β_{11} 是测量社会阶层对体育参与或健康变化斜率 π_{1i} 的影响，也是社会阶层与年龄的交互对体育参与或健康的影响效果；β_{20}、β_{21} 是测量社会阶层对健康变化斜率 π_{2i} 的影响，也是体育参与、社会阶层与体育参与对健康的交互影响；β_{30}、β_{31} 则是测量年龄与体育参与，社会阶层、年龄与体育参与对健康变化的交互影响。r_{0i} 和 r_{1i} 是截距和一次斜率的随机效应，服从均值为 0 的正态分布，它们与式（3-1）和式（3-2）中的 e_{ti} 一起组成随机效应方差。

基于此，两层模型可以合并为如下的混合模型，模型由 β_{pq} 的固定效应参数和由 r_{0i}、r_{1i}、e_{ti} 组成的随机效应的方差参数构成。

（5）体育参与效应模型，如式（3-7）所示：

$$\text{Sport}_{ti} = \big[\, \beta_{00} + \beta_{01}\text{Stratum}_i + \beta_{10}\text{Age}_{ti} + \beta_{11}\text{Stratum}_i \times \text{Age}_{ti} +$$
$$\sum_{j=1}^{M} \pi_{ji}(X_j)_{ti} + \sum_{j=1}^{M} \beta_{0j}(Z_j)_i \,\big] + \big[\, r_{0i} + r_{1i}\text{Age}_{ti} + e_{ti} \,\big]$$

$$(3-7)$$

（6）健康效应模型，如式（3-8）所示：

$$\text{Health}_{ti} = \big[\, \beta_{00} + \beta_{01}\text{Stratum}_i + \beta_{10}\text{Age}_{ti} + \beta_{11}\text{Stratum}_i \times \text{Age}_{ti} +$$
$$\beta_{20}\text{Sport}_{ti} + \beta_{21}\text{Stratum}_i \times \text{Sport}_{ti} + \beta_{30}\text{Age}_{ti} \times \text{Sport}_{ti} +$$
$$\beta_{31}\text{Stratum}_i \times \text{Age}_{ti} \times \text{Sport}_{ti} + \sum_{j=1}^{M} \pi_{ji}(X_j)_{ti} +$$
$$\sum_{j=1}^{M} \beta_{0j}(Z_j)_i \,\big] + \big[\, r_{0i} + r_{1i}\text{Age}_{ti} + e_{ti} \,\big] \qquad (3-8)$$

3.4 小结

本章主要对核心概念、分析逻辑、研究假设、数据资源以及操作化定义进行了介绍。首先，基于对核心概念的界定，本书提出了"社会阶层视角下体育参与历程的健康效应"分析逻辑框架，并提出了研究假设。同时，基于 CHNS 追踪调查数据库的现实调查资料，通过选取指标、剔除内容、计算指标、剔除样本等流程获得了本书的原始数据库资料。其次，根据研究资料中对人们的职业调查，并结合陆学艺的《当代中国社会阶层研究报告》对社会等级与社会阶层的划分，本书将行政官员与企业管理者阶层、高级知识分子阶层划分为社会中上层，将初中级知识分子阶层、办事员阶层划分为社会中层,将技术工人与服务行业阶层、农民与非技术工人阶层划分为社会中下层,从而得到了本书重要的自变量信息。最后,基于 CHNS 的追踪数据资料中对每周参加体育活动次数与每次体育锻炼时间计算并整理出体育参与群体,并设定体育参与群体为 1,非体育参与群体为 0(体育参与程度指标是指人们每周的体育参与次数,该指标仍然保留)。而根据 CHNS 追踪数据库中针对自评健康的问题描述,即:与其他同龄人相比,你认为你现在的健康状态怎么样?获取因变量指标。当然,在整理数据过程中还获取了影响人们体育参与健康的一系列人口统计学特征指标,如区域、户籍、性别、婚姻、年龄、收入、教育等,以便于在后续的分析中作为控制变量来进行探讨,从而为验证前面提出的假设以及完成本书目标构建了基础准备资料。

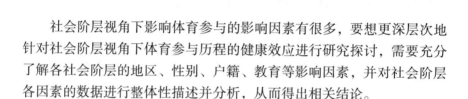

第 4 章
社会阶层视角下体育参与的群体分化

社会阶层视角下影响体育参与的影响因素有很多，要想更深层次地针对社会阶层视角下体育参与历程的健康效应进行研究探讨，需要充分了解各社会阶层的地区、性别、户籍、教育等影响因素，并对社会阶层各因素的数据进行整体性描述并分析，从而得出相关结论。

4.1 社会阶层与地区分化

本书统计了 1997～2015 年不同地区的社会阶层群体中体育参与人口情况（每周至少进行一次体育参与则算为体育参与人口，体育参与人口占比的计算方法为体育参与人口数量占该类社会群体人口的比值；将社会阶层划分为：农民与非技术工人阶层和技术工人与服务行业阶层为下层，办事员阶层和初中级知识分子阶层为中层，高级知识分子阶层和行政官员与企业管理者阶层为上层；将地区分为西部地区、中部地区、东部地区和东北地区），具体分析情况见图 4－1～图 4－5。

如图 4－1 所示，随着时间的不断推移，西部地区呈现出各社会阶层群体体育参与情况增长的发展趋势。图 4－1 中显示，在 1997 年和 2000 年期间，西部地区各社会阶层的体育参与情况普遍偏低，直到 2004 年和 2006 年，各社会阶层群体才逐渐提高了自身的体育参与程度，但从图 4－1 中可以看出这种提高幅度不明显。而在 2006 年到 2015 年可以看出，西部地区各社会阶层群体的体育参与情况得到明显提升和改善，且从中发现以下现象，即下层群体的体育参与情况 2015 年增长到 73.6%；中层群体的体育参与情况 2015 年增长到 64.4%，上层群体的体育参与情况 2015 年增长到 58.9%。所以，西部地区在 1997～2015

年，各社会阶层群体的体育参与情况表现出显著提升的发展趋势，且表现出下层群体的体育参与提升幅度更高。

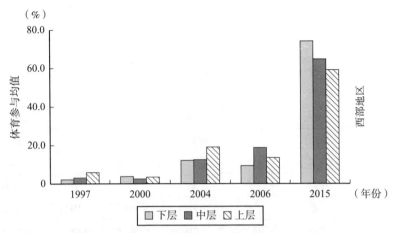

图 4 - 1　西部地区各社会阶层群体的体育参与发展趋势（1997 ~ 2015 年）

注：下层是农民与非技术工人阶层和技术工人与服务行业阶层；中层是办事员阶层和初中级知识分子阶层；上层是高级知识分子阶层和行政官员与企业管理者阶层。1997 年：n = 2114，27.1% ；2000 年：n = 1487，19.0% ；2004 年：n = 1410，18.1% ；2006 年：n = 1340，17.2% ；2015 年：n = 1458，18.7% 。

表 4 - 1 是对不同年份中各社会阶层群体的体育参与程度进行了单因素方差分析，从中可以认识到：在 1997 年中，各社会阶层之间的比较均存在显著性差异（p < 0.05 或 p < 0.001）；在 2000 年中，除中层和上层之间无显著性差异，其余各阶层之间均有显著性差异（p < 0.05 或 p < 0.001）；在 2004 年中，除中层和上层之间无显著性差异，其余各阶层之间均有显著性差异（p < 0.01）；在 2006 年中，各阶层之间的比较均存在显著性差异（p < 0.01 或 p < 0.001）；在 2015 年中，各阶层之间的比较均存在显著性差异（p < 0.01 或 p < 0.001）。

表 4 - 1　　西部地区社会阶层视角下体育参与的方差分析结果

年份	阶层	N	体育参与均值	标准差	95%平均置信区间	
					下限	上限
	下层	1924	0.0031	0.0557	0.0006	0.0056
1997	中层	113	0.0354	0.1856	0.0008	0.0700
	上层	77	0.0649	0.2480	0.0086	0.1212

续表

年份	阶层	N	体育参与均值	标准差	95%平均置信区间	
					下限	上限
2000	下层	1372	0.0087	0.0931	0.0039	0.0137
	中层	64	0.0469	0.2130	0.0042	0.1001
	上层	51	0.0588	0.2663	0.0254	0.1257
2004	下层	1258	0.0318	0.1755	0.0221	0.0415
	中层	73	0.2466	0.4340	0.1453	0.3478
	上层	79	0.2152	0.4135	0.1226	0.3078
2006	下层	1172	0.0265	0.1605	0.0172	0.0357
	中层	101	0.2673	0.4447	0.1795	0.3551
	上层	67	0.1791	0.3863	0.0849	0.2733
2015	下层	1179	0.2103	0.4077	0.1871	0.2336
	中层	157	0.5987	0.4917	0.5212	0.6762
	上层	114	0.4649	0.5009	0.3720	0.5579

从以上结果可以证明，我国社会阶层群体的体育参与存在不同程度的显著性差异，且普遍表现出下层的体育参与程度更高。造成这一倾向的原因可能有以下几点：第一，从政府政策上倾斜，政府为调动广大人民群众积极参与体育活动的积极性，制定了若干优惠政策，或者进行有关体育活动宣传。实施这些优惠政策，对开展的体育活动进行宣传，是使得下层群体的体育参与形成积极发展态势的主要原因。第二，在经济发展推动上，中西部地区对下层经济状况的制约要比中、上层大，但是随着社会的不断发展和相关政策的颁布，使下层群体的经济状况有所改善，收入也不断增加，这就使下层群体不仅在进行体育锻炼时有较大可支配收入，而且还拥有了更多从事体育活动的资源与机会，这对体育参与趋势的增长起到了推动作用。第三，在健康意识觉醒上，伴随健康知识普及、健康意识增强、下层群体对身体健康日益关注，同时还认识到体育锻炼对增强体质、预防疾病的重要意义，从而使得他们持续关注自身健身状况的同时积极参加各类体育活动。第四，在地域文化差异上，西部地区因其特殊地理、文化环境的差异使得下层群体对体育活动中的

地域特色项目更感兴趣，由此在不断发展中，这些传统项目获得了普及与推广，同样这些传统项目的普及与推广也促进了下层群体的体育参与倾向。上述因素给西部地区下层群体的体育参与带来了更多机会与资源，并促使其更加主动地投身体育活动。

如图 4 - 2 所示，中部地区的下层、中层和上层群体的体育参与随着时间的推移都有所增长，但增长的速度和程度却有所不同。图 4 - 2 中显示，在 1997 年和 2000 年期间，中部地区各社会阶层的体育参与情况普遍偏低，直到 2004 年和 2006 年，各社会阶层群体才逐渐提高了自身的体育参与程度，但从图 4 - 2 中可以看出这种提高幅度不明显。而在 2006 年到 2015 年可以看出，中部地区各社会阶层群体的体育参与情况得到明显提升和改善，且从中发现以下现象，即下层群体的体育参与情况 2015 年增长到 73.8%，增长速度最快，说明这一群体对体育活动的参与意识有所增强、兴趣有明显提高；中层群体的体育参与情况 2015 年增长到 52.8%，上层群体的体育参与情况 2015 年增长到 47.3%。所以，中部地区在 1997～2015 年，各社会阶层群体的体育参与情况表现出显著提升的发展趋势，且表现出下层群体的体育参与提升幅度更高。

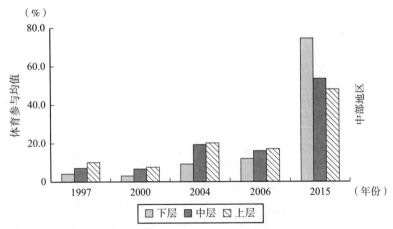

图 4 - 2　中部地区各社会阶层群体的体育参与发展趋势（1997～2015 年）

注：下层是农民与非技术工人阶层和技术工人与服务行业阶层；中层是办事员阶层和初中级知识分子阶层；上层是高级知识分子阶层和行政官员与企业管理者阶层。1997 年：n = 2735，30.0%；2000 年：n = 1849，20.3%；2004 年：n = 1634，17.9%；2006 年：n = 1646，18.0%；2015 年：n = 1265，13.9%。

　　表4-2是对不同年份中各社会阶层群体的体育参与程度进行了单因素方差分析，从中可以认识到：在1997年中，各社会阶层之间的比较均存在显著性差异（p<0.05或p<0.001）；在2000年中，除中层和上层之间无显著性差异，其余各社会阶层之间均有显著性差异，且各阶层之间差异程度为（p<0.001）；在2004年中，除中层和上层之间无显著性差异，其余各社会阶层之间均有显著性差异，且各阶层之间差异程度为（p<0.001）；在2006年中，各社会阶层之间的比较均存在显著性差异（p<0.01）；在2015年中，除中层和上层之间无显著性差异，其余各社会阶层之间均有显著性差异（p<0.001）。

表4-2　　　　中部地区社会阶层视角下体育参与的方差分析结果

年份	阶层	N	体育参与均值	标准差	95%平均置信区间	
					下限	上限
1997	下层	2369	0.0059	0.0766	0.0028	0.0090
	中层	178	0.0674	0.2514	0.0302	0.1046
	上层	188	0.0957	0.2950	0.0533	0.1382
2000	下层	1565	0.0058	0.0756	0.0020	0.0095
	中层	146	0.0753	0.2648	0.0320	0.1187
	上层	138	0.0942	0.2931	0.0449	0.1436
2004	下层	1337	0.0239	0.1529	0.0157	0.0321
	中层	141	0.2411	0.4293	0.1697	0.3126
	上层	156	0.2372	0.4267	0.1697	0.3047
2006	下层	1366	0.0307	0.1726	0.0216	0.0399
	中层	140	0.2000	0.4014	0.1329	0.2671
	上层	140	0.2214	0.4167	0.1518	0.2911
2015	下层	928	0.2942	0.4559	0.2648	0.3236
	中层	187	0.5080	0.5012	0.4357	0.5803
	上层	150	0.5933	1.4928	0.5138	0.6729

从以上结果可以证明，我国社会阶层群体的体育参与存在不同程度的显著性差异，且普遍表现出下层的体育参与程度更高。上述趋势的发生可能与不同社会阶层群体的经济状况、受教育程度、生活方式和健康意识等存在一定关系。首先，从经济状况上看，近年来，中部地区的经济得到快速发展，人民生活水平得到很大改善，这为下层群体参与体育活动提供了更好的有利条件。在收入水平不断提高下，人们更加注重健康和休闲生活，因而对体育活动的需要和参与程度也随之提升。其次，从生活方式上看，伴随现代化进程的加速和城市化的发展，中部地区人们的生活方式也在发生改变。人们越来越注重健康、休闲和娱乐，体育活动逐渐成为人们日常生活中的重要组成部分。此外，政府也大力推进全民健身运动，加大公共体育设施建设的投入，为人们参与体育活动提供了更好的条件。再次，从受教育程度上看，教育水平对人的生活方式、健康意识具有显著影响。中部地区的教育水平不断提升，使人们更加意识到体育活动对于身心健康的重要性，进而主动参与其中。同样，教育的进步使得人们获得更多的体育知识与技能，这对体育活动质量与参与度的提升有促进作用。最后，从健康意识上看，随着人们健康意识的增强，体育锻炼对于健康的重要性已经根深蒂固，政府不断加大健康宣传与教育力度，加强群众对健康与体育锻炼的认识，进而促进更多的人加入体育活动中，使其能够从体育活动当中得到益处，加强自身健康水平以及生活质量。

随着社会的持续发展以及国家各项政策的不断推动，中部地区各社会阶层群体的体育参与情况均发生了增长，这也就需要政府和社会继续加大对体育活动的宣传和推广力度，为广大群众积极参与体育活动创造更好的条件和机遇，推动更多的人参与体育活动中来，从而促进全民健康和体育事业的发展。

如图 4-3 所示，我们可以看出东北地区各社会阶层群体的体育参与随着时间的推移呈现不断增长趋势。图 4-3 中显示，在 1997 年和 2000 年期间，东北地区各社会阶层的体育参与情况普遍偏低，直到 2004 年和 2006 年，各社会阶层群体才逐渐提高了自身的体育参与程度，但从图 4-3 中可以看出这种提高幅度不显著。而在 2006 年到 2015 年可以看出，东北地区各社会阶层群体的体育参与情况得到明显提升和改善，且从中发现以下现象，即下层群体的体育参与情况 2015 年增长到 79.8%，增长速度最快；中层群体的体育参与情况 2015 年增长到 50.6%，上层群体的体育参与情况 2015 年增长到 44.9%。所以，东北地区在 1997~2015 年，东北地区不同社会阶层群体的体育参与情况在逐年增长的趋势下以社会下层群体的人数增长速率最快。

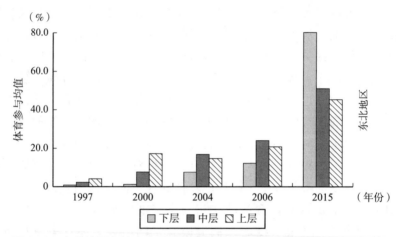

图 4 – 3　东北地区各社会阶层群体的体育参与发展趋势（1997~2015 年）

注：下层是农民与非技术工人阶层和技术工人与服务行业阶层；中层是办事员阶层和初中级知识分子阶层；上层是高级知识分子阶层和行政官员与企业管理者阶层。1997 年：n = 782，16.2%；2000 年：n = 1091，22.6%；2004 年：n = 905，18.8%；2006 年：n = 1128，23.4%；2015 年：n = 913，18.9%。

表 4 – 3 是对不同年份中各社会阶层群体的体育参与程度进行了单因素方差分析，从中可以认识到：在 1997 年中，各社会阶层之间的比较均存在显著性差异（p < 0.05 或 p < 0.001）；在 2000 年中，各社会阶层之间均有显著性差异，且社会阶层之间的比较均存在显著性差异（p < 0.001）；在 2004 年中，除中层和上层之间无显著性差异，其余各社会阶层之间均有显著性差异（p < 0.001）；在 2006 年中，除中层和上层之间无显著性差异，其余各社会阶层之间的比较均存在显著性差异（p < 0.01）；在 2015 年中，除中层和上层之间无显著性差异，其余各社会阶层之间均有显著性差异（p < 0.001）。

表 4 - 3 　　　东北地区社会阶层视角下体育参与的方差分析结果

年份	阶层	N	体育参与均值	标准差	95%平均置信区间	
					下限	上限
1997	下层	592	0.0017	0.0411	− 0.0016	0.0050
	中层	99	0.0303	0.1722	− 0.0041	0.0647
	上层	91	0.0659	0.2495	0.0086	0.179
2000	下层	821	0.0024	0.0493	− 0.0009	0.0058
	中层	119	0.1008	0.3023	0.0459	0.1557
	上层	151	0.1854	0.3899	0.1227	0.2481
2004	下层	606	0.0281	0.1652	0.0149	0.0412
	中层	143	0.1888	0.3927	0.1239	0.2537
	上层	156	0.1538	0.3619	0.0966	0.2111
2006	下层	830	0.0337	0.1806	0.0214	0.0460
	中层	158	0.2468	0.4325	0.1789	0.3148
	上层	140	0.2429	0.4303	0.1709	0.3148
2015	下层	661	0.2874	0.4529	0.2529	0.3220
	中层	139	0.5971	0.4922	0.5146	0.6797
	上层	113	0.6637	0.4745	0.5753	0.7522

从以上结果可以证明,我国社会阶层群体的体育参与存在不同程度的显著性差异,且普遍表现出下层的体育参与程度更高。东北地区群体的体育参与情况中以下层群体增幅最大,这或许是由于下层群体对改善自身健康状况和提高生活质量方面更加积极,这也说明了政府和社会对于群众体育的重视和推动所取得的积极效果。首先,下层群体对自身的健康状况和生活质量的重视程度不断加大。由于相对较低的生活水平和工作环境,他们更易受到健康问题的困扰。所以,他们更倾向通过体育锻炼来改善身体状况,提高生活质量。这种对健康的追求促使他们更加积极地参与体育活动,以求增强体质、预防疾病。其次,政府和社会对群众体育的重视和推广也为下层群体的体育参与提供了良好的环境。政府通过实施全民健身计划、举办各类体育赛事等方式,激发了下层群体的体育热情,促使广大群众参与到体育活动中。与此同时,政府通过加

大对公共体育设施的投入，建设更多的体育馆和运动场地，为下层群体提供了更方便的运动场所。最后，各类体育组织的积极举办也对下层群体的体育参与起到了促进作用。这些组织举办各种体育活动和比赛，吸引下层群体参与其中，并且在体育组织的指导下，社会下层群体能够更好地融入体育活动中，提高体育活动参与度。

如图4-4所示，我们看出随着时间的推移，东部地区各社会阶层群体的体育参与呈现不断增长趋势。图4-4中显示，在1997年和2000年期间，中部地区各社会阶层的体育参与情况普遍偏低，直到2004年和2006年，各社会阶层群体才逐渐提高了自身的体育参与程度，但从图4-4中可以看出这种提高幅度不明显。而在2006年到2015年可以看出，东部地区各社会阶层群体的体育参与情况得到明显提升和改善，且从中发现以下现象，即下层群体的体育参与情况2015年增长到75.6%，增长速度较快，说明这一群体对体育活动的参与意识有所增强、兴趣有明显提高；中层群体的体育参与情况2015年增长到83.0%，成为推动整体增长的重要力量；上层群体的体育参与情况2015年增长到77.6%。所以，东部地区在1997~2015年，各社会阶层群体的体育参与情况表现出显著提升的发展趋势，且表现出中层群体的体育参与提升幅度更高。

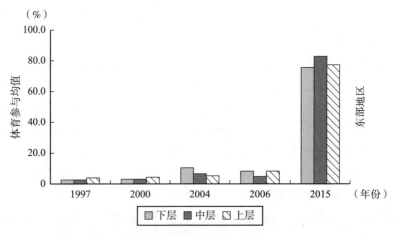

图4-4　东部地区各社会阶层群体的体育参与发展趋势（1997~2015年）

注：下层是农民与非技术工人阶层和技术工人与服务行业阶层；中层是办事员阶层和初中级知识分子阶层；上层是高级知识分子阶层和行政官员与企业管理者阶层。1997年：n = 1659，23.6%；2000年：n = 1220，17.3%；2004年：n = 1168，16.6%；2006年：n = 1191，16.9%；2015年：n = 1802，25.6%。

表4－4是对不同年份中各社会阶层群体的体育参与程度进行了单因素方差分析，从中可以认识到：在1997年中，除中层和上层之间无显著性差异，各社会阶层之间的比较均存在显著性差异（$p < 0.001$）；在2000年中，除中层和上层之间无显著性差异，各社会阶层之间的比较均存在显著性差异（$p < 0.001$）；在2004年中，除中层和上层之间无显著性差异，其余各社会阶层之间均有显著性差异（$p < 0.001$）；在2006年中，除中层和上层之间无显著性差异，其余各社会阶层之间的比较均存在显著性差异（$p < 0.01$ 或 $p < 0.001$）；在2015年中，除中层和上层之间无显著性差异，其余各社会阶层之间均有显著性差异（$p < 0.05$ 或 $p < 0.001$）。

表4－4　　东部地区社会阶层视角下体育参与的方差分析结果

年份	阶层	N	体育参与均值	标准差	95%平均置信区间	
					下限	上限
1997	下层	1371	0.0073	0.0851	0.0028	0.0118
	中层	154	0.0519	0.2226	0.0165	0.0874
	上层	134	0.0672	0.2512	0.0242	0.1101
2000	下层	1017	0.0118	0.1080	0.0052	0.0184
	中层	122	0.0820	0.2754	0.0326	0.1313
	上层	81	0.1235	0.3310	0.0503	0.1966
2004	下层	957	0.0449	0.2072	0.0318	0.0581
	中层	111	0.1892	0.3934	0.1152	0.2632
	上层	100	0.1200	0.3266	0.0552	0.1848
2006	下层	978	0.0348	0.1832	0.0233	0.0463
	中层	116	0.1293	0.3370	0.0673	0.1913
	上层	97	0.1959	0.3989	0.1155	0.2763
2015	下层	964	0.3185	0.4661	0.2890	0.3479
	中层	508	0.5197	0.5001	0.4761	0.5633
	上层	330	0.5242	1.5001	0.4701	1.5784

从以上结果可以证明，我国社会阶层群体的体育参与存在不同程度的显著性差异，且普遍表现出下层群体的体育参与程度更高。对其他社会阶层来说，东部地区中层群体的体育参与发展速度最快，造成这一趋势的原因与其经济条件优越，社交需求高以及工作压力大相关。一是我国东部地区的中层群体经济条件优越，体育活动机会与资源较多，使其比下层群体更愿意将时间与金钱用于体育活动。二是社交需求旺盛，中层群体更加重视人际关系的构建与维护，体育活动的参与能为其提供良好的社交平台以满足其社交需求。三是工作压力大，中层群体承担了更多日常及工作压力，更倾向于通过体育活动减压以维护身心健康。

东部地区政府与社会促进群众体育发展成效显著，特别是对中层群体来说，不仅提高了健康意识，而且调动了运动参与积极性。同时，下层群体也呈现出较好的发展状态，在提高自身健康水平与生活质量上同样显示表现积极。

如图 4-5 所示，在 1997~2015 年，不论西部、中部、东北或东部地区，整体上不同社会阶层的体育参与都在不断增加。图 4-5 中显示，在 1997 年和 2000 年期间，中国各社会阶层群体的体育参与情况普遍偏低，直到 2004 年和 2006 年，各社会阶层群体才逐渐认识到体育参与的重要性，并开始提高了自身的体育参与程度，但这种提高幅度不太明显。而从 2006~2015 年，我国各社会阶层群体的体育参与情况得到明显提升与改善，且从图 4-5 中可以发现各地区下层群体的体育参与情况提升幅度快得显著。

这种现象的出现与我国当前的社会结构、政府的重视程度和人民的生活水平等密切相关。首先，在我国，农村人口和非技术工人所占的比例较大，这部分人群按照收入归为下层群体，因此下层的占比相对较高。而高级知识分子阶层、行政官员和企业管理者等收入或社会地位较高的比例相对较小。这就导致了在图 4-5 中呈现出下层群体的增长速率最高，上层群体的增长速率最低的现象。其次，政府和社会对于大众体育的重视和推广也起到了积极的推动作用。政府出台了一系列政策措施，鼓励全民参与体育活动，提高身体素质。同时，公共体育设施的建设和完善也为社会各阶层提供了更多参与体育活动的机会和场所。再次，随着社会经济的发展和人民生活水平的提高，人们越来越注重健康和健身，体育活动逐渐成为人们日常生活中不可或缺的一部分。特别是对于下层群体，由于工作和生活方式的改变，参与体育活动成为他们保持身体健康、缓解压力的重要方式。最后，社会阶层的固化和社会流动性的降低也可能促使更多人参与到体育活动中。在社会阶层固化的情况下，人们更加注重自身的发展和提升，参与体育活动成为了一种重要的途径，不仅可以提高身体素质，还可以拓展社交网络，增加个人竞争力。由此可见，随着社会不断发展以及各项政策制度出台，群众体育活动获得了广泛传播与推广，各地都在大力推进相关体育活动，从而促进了全民健康发展与健身意识增强。

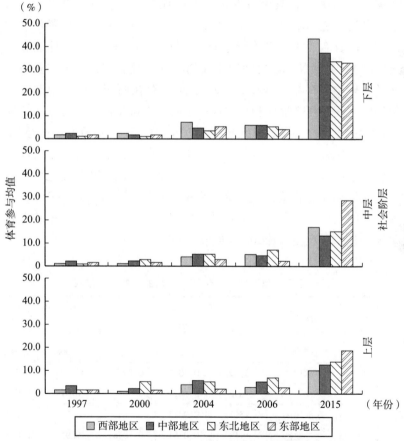

图 4 − 5 各类社会阶层群体不同地区的体育参与发展趋势（1997 ～ 2015 年）

注：下层是农民与非技术工人阶层和技术工人与服务行业阶层；中层是办事员阶层和初中级知识分子阶层；上层是高级知识分子阶层和行政官员与企业管理者阶层。1997 年：n = 7290，25.3%；2000 年：n = 5647，19.6%；2004 年：n = 5117，17.8%；2006 年：n = 5305，18.4%；2015 年：n = 5438，18.9%。

表4-5是对不同年份各社会阶层中不同地区的体育参与程度进行了多因素方差分析，从中可以认识到：1997年下层、中层和上层各地区之间均不存在显著性差异；2000年下层和中层各地区之间均不存在显著性差异，上层在西部地区和东北地区之间存在显著性差异，中部地区和东北地区之间存在显著差异，且差异程度（p < 0.05），其余各地区之间的比较均不存在显著差异；2004年下层和中层在各地区之间均不存在显著性差异，上层在西部地区和东部地区之间、中部地区和东北地区之间、中部地区和东部地区之间均存在显著差异，且差异程度（p < 0.05 或 p < 0.001），其余各地区之间的比较均不存在显著差异；2006年下层各地区之间不存在显著性差异；中层在西部地区、中部地区和东部地区之间、东北地区和东部地区之间均存在显著差异，且显著程度（p < 0.05），其余各地区之间的比较均不存在显著差异，上层在各地区之间的比较均不存在显著差异；2015年下层在西部地区、中部地区和东部地区之间、西部地区和东北地区之间、东部地区和东北地区之间的比较均存在显著性差异，且差异程度（p < 0.05 或 p < 0.001），其余各地区之间的比较不存在显著差异，中层在西部地区和中部地区之间、西部地区和东部地区之间、中部地区和东北地区之间以及东北地区和东部地区之间均存在显著差异，且差异程度（p < 0.05 或 p < 0.001），其余各地区之间的比较不存在显著差异；上层在各地区之间的比较均存在显著差异，且差异程度（p < 0.05 或 p < 0.001）。

表4-5　　　　社会阶层视角下地区分化体育参与的方差分析结果

年份	阶层	地区分化	N	体育参与均值	标准差	95%平均置信区间	
						下限	上限
1997	下层	西部地区	1924	0.0031	0.0557	− 0.008	0.015
		中部地区	2369	0.0059	0.0766	− 0.005	0.016
		东北地区	592	0.0017	0.0411	− 0.019	0.023
		东部地区	1371	0.0073	0.0851	− 0.006	0.021
	中层	西部地区	113	0.0354	0.1856	− 0.012	0.083
		中部地区	178	0.0674	0.2514	0.029	0.105
		东北地区	99	0.0303	0.1722	− 0.021	0.081
		东部地区	154	0.0519	0.2226	0.011	0.093

续表

年份	阶层	地区分化	N	体育参与均值	标准差	95%平均置信区间	
						下限	上限
1997	上层	西部地区	77	0.0649	0.2480	0.007	0.123
		中部地区	188	0.0957	0.2950	0.059	0.133
		东北地区	91	0.0659	0.2495	0.013	0.119
		东部地区	134	0.0672	0.2512	0.023	0.111
2000	下层	西部地区	1372	0.0087	0.0931	−0.005	0.022
		中部地区	1565	0.0058	0.0756	−0.007	0.019
		东北地区	821	0.0024	0.0493	−0.015	0.02
		东部地区	1017	0.0118	0.1080	−0.004	0.028
	中层	西部地区	64	0.0469	0.2130	−0.017	0.11
		中部地区	146	0.0753	0.2648	0.033	0.117
		东北地区	119	0.1008	0.3023	0.054	0.147
		东部地区	122	0.0820	0.2754	0.036	0.128
	上层	西部地区	51	0.0588	0.2376	−0.012	0.13
		中部地区	138	0.0942	0.2931	0.051	0.137
		东北地区	151	0.1854	0.3899	0.144	0.227
		东部地区	81	0.1235	0.3310	0.067	0.18
2004	下层	西部地区	1258	0.0318	0.1755	0.017	0.046
		中部地区	1337	0.0239	0.1529	0.01	0.038
		东北地区	606	0.0281	0.1652	0.007	0.049
		东部地区	957	0.0449	0.2072	0.029	0.061
	中层	西部地区	73	0.2466	0.4340	0.187	0.306
		中部地区	141	0.2411	0.4293	0.198	0.284
		东北地区	143	0.1888	0.3927	0.146	0.231
		东部地区	111	0.1892	0.3934	0.141	0.237
	上层	西部地区	79	0.2152	0.4135	0.158	0.272
		中部地区	156	0.2372	0.4267	0.197	0.278
		东北地区	156	0.1538	0.3619	0.113	0.194
		东部地区	100	0.1200	0.3266	0.069	0.171

续表

年份	阶层	地区分化	N	体育参与均值	标准差	95%平均置信区间	
						下限	上限
2006	下层	西部地区	1172	0.0265	0.16054	0.012	0.041
		中部地区	1366	0.0307	0.17269	0.017	0.044
		东北地区	830	0.0337	0.18065	0.016	0.051
		东部地区	978	0.0348	0.18328	0.019	0.051
	中层	西部地区	101	0.2673	0.44477	0.217	0.318
		中部地区	140	0.2	0.40144	0.157	0.243
		东北地区	158	0.2468	0.43254	0.206	0.287
		东部地区	116	0.1293	0.337	0.082	0.176
	上层	西部地区	67	0.1791	0.38633	0.117	0.241
		中部地区	140	0.2214	0.4167	0.179	0.264
		东北地区	140	0.2429	0.43035	0.2	0.286
		东部地区	97	0.1959	0.39894	0.144	0.247
2015	下层	西部地区	1179	0.2103	0.40773	0.196	0.225
		中部地区	928	0.2942	0.45592	0.278	0.311
		东北地区	661	0.2874	0.45291	0.268	0.307
		东部地区	964	0.3185	0.46612	0.302	0.335
	中层	西部地区	157	0.5987	0.49172	0.558	0.639
		中部地区	187	0.508	0.50128	0.471	0.545
		东北地区	139	0.5971	0.49225	0.554	0.64
		东部地区	508	0.5197	0.5001	0.497	0.542
	上层	西部地区	114	0.4649	0.50097	0.417	0.512
		中部地区	150	0.5933	0.49286	0.552	0.635
		东北地区	113	0.6637	0.47454	0.616	0.711
		东部地区	330	0.5242	0.50017	0.496	0.552

从以上结果可以证明，我国社会阶层群体的体育参与存在不同程度的显著性差异，且普遍表现出东部地区的体育参与程度更高。这一趋势的出现，可能与其经济发展水平、体育设施资源、文化及社会环境，以

及政策及宣传力度有关。第一，从经济发展水平上看，我国东部地区是我国经济的先导，居民的经济水平比较高，可支配收入相应较大，这样就使东部地区居民在体育活动上拥有了较大的资金，如购置运动器材、上健身课程等。而增幅最小的东北地区则受到历史与产业结构的制约，经济发展水平比较低下，使居民家庭收入无法支撑家庭额外体育消费。第二，在体育设施与公共服务资源中，体育设施是否齐全、资源是否充足也是对各个社会阶层运动参与产生重要影响的因素。东部地区城市化建设快速推进，基础设施建设相对完善，体育馆、体育场、健身公园等体育公共服务资源相对丰富，这些设施给居民提供方便的锻炼条件并帮助他们增强体育参与意识。但是东北地区部分地区可能仍然存在体育设施不完善的问题，特别是偏远地区或者小城市。第三，在文化与社会环境上，东部地区文化建设与社会发展更加开放，民众生活方式，健康观念等更加进步，对于体育活动接受与参与程度相同。而东北地区由于受历史、地域等因素影响，受某些传统观念、生活习俗等禁锢，致使广大群众对体育活动关注度较低。第四，在政策与宣传力度上，政府对于体育活动的重视程度与宣传力度也影响着居民参与体育的意向。东部地区对体育事业发展较为重视，出台和实施了多项鼓励公众参与体育活动政策，其普及与宣传有利于增强居民体育参与意识、调动其参与积极性。但我国东北地区政府政策及宣传力度比较小，造成居民运动参与热情不高，进而影响了其运动参与意向。

为促进不同区域内各个社会阶层体育参与趋势，从政府、社会等多个方面入手，根据实际情况，统筹考虑各方面因素，并制定出促进区域体育参与倾向发展的相关对策。比如对经济水平不高的区域，可以通过加大公共体育设施建设来提供免费或者低成本体育项目。在文化与社会环境层面上，政府可出台更多鼓励体育参与的政策，通过宣传教育增强居民体育参与意识与健康观念来推动全民健身的发展。

4.2 社会阶层与性别分化

本书统计了 1997 ~ 2015 年不同地区的社会阶层群体性别分化的体育参与人口情况（每周至少进行 1 次体育参与则算为体育参与人口，体

育参与人口占比的计算方法为体育参与人口数量占该类社会群体人口的
比值；将社会阶层重新划分为三层，其中农民与非技术工人阶层和技术
工人与服务行业阶层划分为下层，办事员阶层和初中级知识分子阶层划
分为中层，高级知识分子阶层和行政官员与企业管理者阶层划分为上
层），具体结果见图4-6。

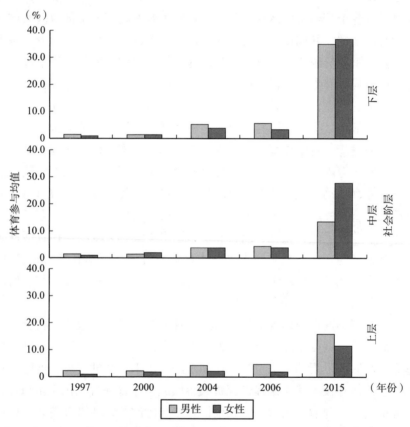

图4-6　各类社会阶层群体性别分化体育参与的发展趋势（1997～2015年）

注：下层是农民与非技术工人阶层和技术工人与服务行业阶层；中层是办事员阶层和初中
级知识分子阶层；上层是高级知识分子阶层和行政官员与企业管理者阶层。1997年：n =
2114，27.1%；2000年：n = 1487，19.0%；2004年：n = 1410，18.1%；2006年：n = 1340，
17.2%；2015年：n = 1458，18.7%。

　　如图4-6所示，女性群体体育参与随时间推移呈上升趋势。具体
而言，下层女性群体参加体育活动的人数由1997年的0.9%增加到

2015 年的 37.2%，其增长速度是显著的；中层女性群体参加体育活动的人数由 1997 年的 0.7% 提高至 27.3%，有所增加而且增长速度比社会下层群体稍快。而上层女性群体对体育的参与则由 1997 年的 0.6% 提高至 11.3%，增长速度比较缓慢。这一趋势体现了更多女性开始注重并参与体育活动，其原因可能是妇女更加注重健康与健身，社会加大了对妇女体育活动的扶持与鼓励力度，体育设施与服务日臻完善。图 4 – 6 中的数据值得注意，社会中层妇女群体体育参与的趋势增幅最明显，其原因可能与社会中层女性群体生活、工作上存在一定稳定性、自主性以及更加注重自身健康、参加体育活动等因素有关。

如图 4 – 6 所示，男性群体体育参与随时间推移也呈增长态势，具体而言，下层男性群体体育参与由 1997 年的 1.3% 提高至 2015 年的 35.2%，中层的男性群体体育参与情况从 1997 年的 1.1% 上升到 2015 年的 13.1%，上层的男性群体体育参与情况从 1997 年的 1.9% 上升到 15.5%，由此可见，在男性群体中，下层群体参与体育最明显。这一趋势说明，随着时间推移，越来越多男性群体开始注重并参与体育活动，这与男性越来越注重健康及健身、社会对于男性体育活动的支持与鼓励力度加大，体育设施与服务持续改进完善等因素相关。同样值得注意的是，男性群体中下层体育参与的趋势增幅最明显，其原因可能是下层男性群体在生活和工作方面更为劳累、承受了较大压力，致使他们更加注重自身健康，因此更加积极参加体育活动。

伴随着社会的日益发展以及国家的大力提倡，无论是男性群体或是女性群体，对于体育锻炼的认识程度逐年提高，同时体育参与人数也逐年攀升。全民健身、体育参与已是大势所趋、众望所归，政府与社会应不断鼓励与扶持人们参与体育活动，为人们提供更加高质量的体育设施与服务，推动全民健康全面发展。与此同时，也需重视不同社会阶层群体在体育活动中的参与需求与差异性，强化精准施策以促进我国群众体育不断发展。

在时代的发展和物质水平的逐步提高下，人们对于自身健康的要求也日益增强。无论是男性群体还是女性群体，都更加重视通过体育活动来保持身心健康，它不仅可以使自身健康水平得到提高而且还是社会群体进行人际交往互动的重要形式之一，而且积极有效的人际交往可以使人们获得更多的社会资源和支持。对于女性群体来说，她们更多地希望通过体育参与使身材更为匀称苗条，她们倾向在体育参与过程中进行适当的力量练习，使得自身肌肉得到塑形，使得自己的身体状态更加健康。女性在外表关注度上的表现要高于男性，在其他因素上男性表现得更高（吴晨曦，2015）。女性进行体育参与时只在外貌方面的身体自我动机高于男性，在其他因素上男性表现得更高（董亚琦，2019）。对于男性群体来说，他们较为活泼好动，对一些对抗性大、强度高的运动项目参与较多，例如篮球、足球、网球等运动量较大的运动。通过参与体育活动有助于男性群体释放自身压力、增强心理韧性，从而促进身心的平衡与健康。虽然这使得男性群体和女性群体在一些理念和观点上有着不一样的地方，但男性群体与女性群体对参与体育的最终目的是相同的。他们都充分认识到参与体育活动的重要性，在追求健康和美好身材的同时，也根据自身兴趣和需求选择合适的体育项目，从而享受运动带来的乐趣和满足感。

表4-6是对不同年份各社会阶层中性别分化的体育参与程度进行了多因素方差分析，从中可以认识到：1997年下层、中层和上层各地区之间均不存在显著性差异；2000年下层、中层和上层各地区之间均不存在显著性差异；2004年除上层男性和女性之间不存在显著性差异外，下层和中层男性与女性之间均存在显著性差异，且显著程度（$p < 0.05$）；2006年下层、中层和上层的男性和女性之间均存在显著性差异，且显著程度（$p < 0.05$）；2015年下层和上层男性和女性之间均不存在显著差异，中层的男性和女性之间存在显著差异，且显著程度（$p < 0.05$）。

表4-6　　社会阶层视角下性别分化体育参与的方差分析结果

年份	阶层	性别分化	N	体育参与均值	标准差	95%平均置信区间	
						下限	上限
1997	下层	男	3216	0.0065	0.08056	-0.006	0.013
		女	3040	0.0033	0.05727	-0.002	0.015
	中层	男	273	0.0696	0.25493	-0.001	0.06
		女	271	0.0295	0.16957	0.039	0.1
	上层	男	374	0.0829	0.2761	0.013	0.108
		女	116	0.0603	0.2392	0.057	0.109

续表

年份	阶层	性别分化	N	体育参与均值	标准差	95%平均置信区间	
						下限	上限
2000	下层	男	2476	0.0085	0.09172	−0.005	0.017
		女	2299	0.0061	0.07781	−0.002	0.019
	中层	男	220	0.0864	0.2815	0.04	0.107
		女	231	0.0736	0.26167	0.052	0.121
	上层	男	306	0.1176	0.32272	0.109	0.204
		女	115	0.1565	0.36494	0.089	0.147
2004	下层	男	2221	0.0405	0.19723	0.01	0.033
		女	1937	0.0217	0.14568	0.03	0.051
	中层	男	215	0.2744	0.4473	0.13	0.194
		女	253	0.1621	0.36923	0.24	0.309
	上层	男	343	0.1983	0.39926	0.107	0.19
		女	148	0.1486	0.35695	0.171	0.226
2006	下层	男	2295	0.0414	0.19924	0.008	0.031
		女	2051	0.0195	0.13832	0.031	0.052
	中层	男	253	0.2648	0.44211	0.129	0.192
		女	262	0.1603	0.36759	0.233	0.297
	上层	男	322	0.236	0.4253	0.118	0.21
		女	122	0.1639	0.37174	0.208	0.264
2015	下层	男	2151	0.2724	0.44531	0.26	0.286
		女	1581	0.2732	0.44577	0.261	0.283
	中层	男	423	0.5177	0.50028	0.537	0.579
		女	568	0.5581	0.49705	0.493	0.542
	上层	男	466	0.5558	0.49741	0.511	0.576
		女	241	0.5436	0.49913	0.532	0.579

从以上结果可以证明，我国社会阶层群体性别分化体育参与情况存在不同程度的显著性差异，且普遍表现出女性群体在体育参与行为上高于男性群体的体育参与，其中以下层和中层最为显著。笔者认为这种趋

势可能出现的原因，首先是受"男主外，女主内"传统的社会文化风俗所影响，造成了在体育参与行为上存在男女性别之间的不平等问题，女性体育参与有时仍会被传统的男性社会文化所隔阂，处在边缘化的尴尬境地；其次是男女不同的工作环境和性格差异所造成男性和女性群体在体育参与方面所持有的观点不同，从而造成在体育参与行为上存在男女性别差异。美国的人类学家盖尔·卢宾在对社会性别的研究中指出，个体自身所处的生存环境对其性别的认定，包括家人、培养、周围群体、社会机构和法律机关的认定等。在社会性别理论中写道女性受压迫的起因是制度、文化、人为所致，而非是生物性的；男性群体和女性群体在性别定位、体形、思维和运动能力等方面存在区别，加之社会、家庭、生活等环境的差异，从而导致社会各阶层不同年份的男女群体在主观认知、思想行为等表现出差异。但随着时代的进步，受西方文化的影响，女性群体在逐渐打破传统性别观念的束缚，打破不平等的规则，从而培养多元的体育参与行为，坚持以人为本，注重体育参与的本质价值。

4.3 社会阶层与户籍分化

本书统计了 1997～2015 年不同地区的社会阶层群体户籍分化的体育参与人口情况（每周至少进行 1 次体育参与则算为体育参与人口，体育参与人口占比的计算方法为体育参与人口数量占该类社会群体人口的比值；将社会阶层重新划分为三层，其中农民与非技术工人阶层和技术工人与服务行业阶层划分为下层，办事员阶层和初中级知识分子阶层划分为中层，高级知识分子阶层和行政官员与企业管理者阶层划分为上层；将户籍分为农村和城镇），具体结果见图 4-7。

如图 4-7 所示，我们看出农村群体的体育参与随着时间的推移呈现不断增长趋势，具体来看下层的农村群体体育参与情况从 1997 年的 1.7% 上升到 2015 年的 60.7%，中层的农村群体体育参与情况从 1997 年的 0.4% 上升到 10.3%，上层的农村群体体育参与情况从 1997 年的 0.5% 上升到 8.8%，从中我们可以看出在国家的引领和推动下，农村体育事业正在不断发展，党的十九大提出了实施乡村振兴的重大战略决策，而发展农村体育事业也成为实施乡村振兴战略的重要组成部分，意义深远。全民健身活动在农村的快速发展意味着当地经济的增长，也从侧面说明城乡经济、文化的差距不断缩短，从而农村群体能够拿出一部分时间来进行体育锻炼，参与体育活动，使得农村群体的体育参与人数在逐渐上涨。

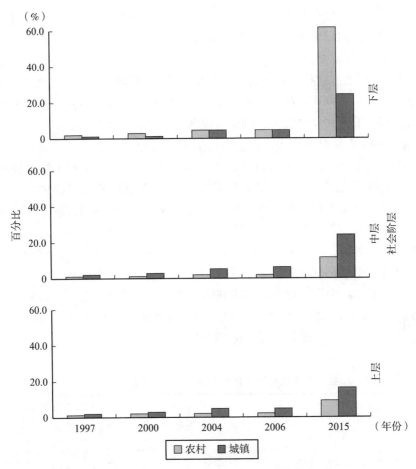

图 4 - 7　各类社会阶层群体户籍分化体育参与的发展趋势（1997 ~ 2015 年）

注：下层是农民与非技术工人阶层和技术工人与服务行业阶层；中层是办事员阶层和初中级知识分子阶层；上层是高级知识分子阶层和行政官员与企业管理者阶层。1997 年：n = 7290，25.3%；2000 年：n = 5647，19.6%；2004 年：n = 5117，17.8%；2006 年：n = 5305，18.4%；2015 年：n = 5438，18.9%。

如图 4 - 7 所示，我们还可以看出城镇群体的体育参与随着时间的推移呈现不断增长趋势，具体来看下层的城镇群体体育参与情况从1997 年的 0.8% 上升到 2015 年的 20.3%，中层的城镇群体体育参与情况从 1997 年的 1.2% 上升到 23.2%，上层的城镇群体体育参与情况从 1997 年的 1.7% 上升到 16.2%，总体来看城镇群体的体育参与情况以社会中层群体的人数增长最快。这体现了我国人民的生活水平和质量在逐渐提升，人们也在不断追求高质量、高层次的生活，从而使得参加体育锻炼成为人们日常生活中不可或缺的一部分；而且党的十九大中关于"加快推进体育强国建设"部分将"全民健身运动"改成"全民健身活动"，一字之差就将群众体育从相对单一的强身健体转变为积极的、健康的体育生活方式，从中充分体现出群众体育满足人们对美好生活向往的价值追求，并且也成为人们健身理念转换的动力和突破点。

表 4 – 7 是对不同年份各社会阶层中户籍分化体育参与程度进行了多因素方差分析，从中可以认识到：1997 年下层、中层和上层群体在农村和城镇之间均不存在显著性差异；2000 年下层和上层群体在农村和城镇之间均不存在显著性差异，中层群体在农村和城镇之间存在显著性差异，且显著程度（p < 0.05）；2004 年除中层农村和城镇之间不存在显著性差异，下层和上层群体在农村和城镇之间均存在显著性差异，且显著程度（p < 0.05）；2006 年除上层农村和城镇之间不存在显著性差异，下层、中层群体在农村和城镇之间均存在显著性差异，且显著程度（p < 0.05）；2015 年下层、中层和上层群体在农村和城镇之间均存在显著性差异，且显著程度（p < 0.001）。

表 4 – 7　社会阶层视角下户籍分化体育参与的方差分析结果

年份	阶层	户籍分化	N	体育参与均值	标准差	95% 平均置信区间	
						下限	上限
1997	下层	农村	4941	0.0032	0.05682	− 0.004	0.01
		城镇	1315	0.0114	0.10623	− 0.002	0.025
	中层	农村	108	0.037	0.18973	− 0.011	0.085
		城镇	436	0.0528	0.2238	0.029	0.077
	上层	农村	117	0.0427	0.2031	− 0.004	0.089
		城镇	373	0.0885	0.2844	0.062	0.114

续表

年份	阶层	户籍分化	N	体育参与均值	标准差	95%平均置信区间	
						下限	上限
2000	下层	农村	3862	0.0062	0.0786	− 0.002	0.014
		城镇	913	0.012	0.10916	− 0.005	0.029
	中层	农村	63	0.0159	0.1260	− 0.047	0.079
		城镇	388	0.0902	0.28685	0.065	0.116
	上层	农村	86	0.0814	0.27505	0.027	0.136
		城镇	335	0.1403	0.34782	0.113	0.168
2004	下层	农村	3255	0.0129	0.11287	0.004	0.022
		城镇	903	0.0997	0.29972	0.083	0.116
	中层	农村	61	0.1639	0.3733	0.1	0.228
		城镇	407	0.2211	0.41552	0.196	0.246
	上层	农村	82	0.122	0.32924	0.067	0.177
		城镇	409	0.1956	0.39715	0.171	0.22
2006	下层	农村	3385	0.0124	0.11071	0.004	0.021
		城镇	961	0.0968	0.2958	0.081	0.113
	中层	农村	89	0.1461	0.35517	0.093	0.199
		城镇	426	0.2254	0.41831	0.201	0.25
	上层	农村	70	0.1857	0.39168	0.126	0.246
		城镇	374	0.2219	0.4161	0.196	0.248
2015	下层	农村	2672	0.2111	0.40815	0.201	0.221
		城镇	1060	0.4283	0.49507	0.413	0.444
	中层	农村	208	0.4615	0.49972	0.427	0.496
		城镇	783	0.5619	0.49647	0.544	0.58
	上层	农村	181	0.453	0.49917	0.416	0.49
		城镇	526	0.5856	0.4931	0.564	0.607

　　从以上结果可以证明，我国农村和城镇各社会阶层的体育参与存在不同程度的显著性差异，且普遍表现出中层和上层城镇群体的体育参与程度更高。出现这种倾向，主要表现在以下几个方面：首先，我国幅员

辽阔，新中国成立后因经济。文化等发展存在显著差异，导致城镇居民生活水平优于农村，这同样使得城镇居民体育参与意识比农村居民高，身体自我意识比农村居民强。改革开放后，我国城镇群体受教育程度优于农村群体受教育程度，这使城镇群体比农村群体更了解体育参与，而城镇群体在国家政策执行与宣传上优于农村群体。除此之外，城镇还能在办学教育方面更好地把学业和体育相结合，能利用更多体育资源供他们锻炼，以鼓励更多人能参加体育运动，使城镇体育参与群体比农村体育参与群体有所提高。其次，一个空间里的各种行动者都具有各自相对稳定的客观位置、主观立场和行动策略①。也就是说居民参与体育活动的客观位置就是体育活动专属的空间（由体育场地和健身设施所构成），这也就使得城镇和乡村两部分的供给存在差异。城镇中的社区健身设施覆盖率已经趋于完善，各地也建有专供居民使用的全民健身活动中心；大多社区已筹备建设 15 分钟健身圈；而且由于城镇在承办各级各类体育赛事后建设的体育场馆也部分向居民开放。而农村由于健身场地较少，享受不到基本的体育公共服务，相对于已经建成的场地设施使用率也不高，从而导致农村居民想要去进行体育锻炼所受的局限性很大，选择类型很少，致使部分农村居民不愿参与体育锻炼。再次，城镇居民和农村居民因其生活环境、水平和收入的状况不同，导致其消费情况截然不同。城镇居民消费看重生活的质量，追求高质量产品和优质服务的倾向较为普遍；但由于农村生产力水平较城市低，导致农村居民消费首先用到生产资料的消费，对于娱乐等方面的消费较少，这也就导致体育参与方面的消费差异在城镇居民和乡村居民群体之间更为显著。最后，城镇体育活动的经费筹集来源呈现多元化趋势，以自筹为主、国家拨款为辅助、商业赞助和居民自费并存的现状，但农村体育经费的主要来源是地方自筹和政府投入，从而导致了城镇体育参与群体整体要多于农村体育参与群体。

4.4　社会阶层与教育分化

本书统计了 1997～2015 年不同地区的社会阶层群体教育分化的体

---

① 汪小红. 论农村场域的惯习和资本——兼论农村的内部权力结构 [J]. 大连海事大学学报（社会科学版），2012，11（2）：71 – 75.

育参与人口情况（每周至少进行 1 次体育参与则算为体育参与人口，体育参与人口占比的计算方法为体育参与人口数量占该类社会群体人口的比值；将社会阶层重新划分为三层，其中农民与非技术工人阶层和技术工人与服务行业阶层划分为下层，办事员阶层和初中级知识分子阶层划分为中层，高级知识分子阶层和行政官员与企业管理者阶层划分为上层；将受教育程度分为没上过学、小中高专和大学及以上三类），具体结果见图 4 - 8。

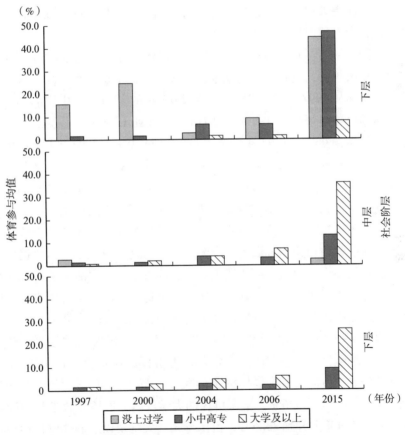

图 4 - 8　各类社会阶层群体教育分化体育参与的发展趋势（1997 ~ 2015 年）

注：下层是农民与非技术工人阶层和技术工人与服务行业阶层；中层是办事员阶层和初中级知识分子阶层；上层是高级知识分子阶层和行政官员与企业管理者阶层。1997 年：n = 7290，25.3%；2000 年：n = 5647，19.6%；2004 年：n = 5117，17.8%；2006 年：n = 5305，18.4%；2015 年：n = 5438，18.9%。

如图 4-8 所示，我们可以看出没上过学群体的体育参与随着时间的推移呈现不断增长趋势，但增长不太明显。具体来看下层的没上过学群体体育参与情况从 1997 年的 15.6% 上升到 2015 年的 44.4%，中层的没上过学群体体育参与情况没有变化。究其原因，没上过学群体通常经济条件比较困难，可能没有足够的财力、物力去支持其参与体育活动；他们的工作条件和生活环境也有可能限制体育参与的机会；他们也有可能缺乏相应的健康知识和体育技能，这也会限制他们体育参与的机会，而且由于其本身教育水平较低，没有充足的健康知识和足够的健康意识，不懂得如何科学地进行体育锻炼。这些可能性或许是没上过学群体的体育参与情况增长不太明显的原因。

从图 4-8 我们也可以看到小中高专群体的体育参与随时间推移所占比重越来越大，且趋势较为明显。具体来看，下层的小中高专群体体育参与情况从 1997 年的 1.2% 上升到 2015 年的 47.1%，中层的小中高专群体体育参与情况从 1997 年的 1.1% 上升到 12.8%，上层的小中高专群体的体育参与由 1997 年的 1.4% 提高到 9.0%。其中以下层小中高专群体的体育参与增加最多。其主要原因是小中高专群体在受教育程度提高的情况下，开始关注身体健康问题，在知识储备越来越丰富的情况下，逐渐认识到体育活动对身心健康所产生的正面作用；当今社会不断发展，许多学校与教育机构体育设施与设备更加完善，小中高专群体人群还更易接触到相关体育设备与资源，同时为这一群体参与体育提供有利条件。此外，小中高专群体还很可能面临着工作与生活上的压力与挑战，而参加体育活动则成了其释放压力，调适心态的一个有效途径。因此小中高专群体体育参与倾向表现为持续增长且增长较为显著。

如图 4-8 所示，大学及以上群体的体育参与随时间推移也呈递增趋势，具体而言，下层群体的大学及以上群体的体育参与在 1997 年至 2015 年增长 7.6%，中层群体的大学及以上群体体育参与情况从 1997 年的 0.5% 上升到 35.6%，上层群体的大学及以上群体体育参与情况从 1997 年的 1.4% 上升到 26.6%，由此可知，大学及以上群体体育参与状况在中层人群中上升最快。大学及以上群体一般拥有较多的知识、技能，会比较乐于接受和参加各种体育活动，同样也和其他社会阶层一样，大学以上人群还需借助体育活动减压。

表 4-8 是对不同年份各社会阶层中教育分化的体育参与程度进行

了多因素方差分析，从中可以认识到：1997 年各社会阶层没上过学、小中高专和大学及以上之间均不存在显著性差异；2000 年下层群体没上过学、小中高专和大学及以上之间均不存在显著性差异，中层群体没上过学和大学及以上之间、小中高专和大学及以上之间存在显著性差异，且显著程度（$p < 0.05$ 或 $p < 0.001$），上层群体小中高专和大学及以上之间存在显著差异，且差异程度（$p < 0.001$），其余均不存在显著性差异；2004 年下层群体中没上过学、小中高专和大学及以上之间均存在显著性差异，且差异程度（$p < 0.05$ 或 $p < 0.001$），中层和上层群体中没上过学、小中高专和大学及以上之间不存在显著性差异；2006 年下层群体中没上过学、小中高专和大学及以上之间均存在显著性差异，且差异程度（$p < 0.05$ 或 $p < 0.001$），中层群体中没上过学和大学及以上之间、小中高专和大学及以上之间存在显著差异，且差异程度（$p < 0.05$），其余均不存在显著性差异，上层群体中小中高专和大学及以上之间存在显著性差异，且差异程度（$p < 0.05$），其余均不存在显著性差异；2015 年中层群体中没上过学、小中高专和大学及以上之间均不存在显著性差异，下层群体中没上过学、小中高专和大学及以上之间均存在显著性差异，且差异程度（$p < 0.05$），上层群体中小中高专和大学及以上之间存在显著差异，且差异程度（$p < 0.001$）。

表 4 - 8　　　社会阶层视角下教育分化体育参与的方差分析结果

年份	阶层	教育分化	N	体育参与均值	标准差	95%平均置信区间	
						下限	上限
1997	下层	没上过学	1005	0.007	0.08321	- 0.009	0.023
		小中高专	5231	0.0046	0.06759	- 0.002	0.012
		大学及以上	20	0	0	- 0.113	0.113
	中层	没上过学	6	0.1667	0.40825	- 0.04	0.374
		小中高专	480	0.0458	0.20934	0.023	0.069
		大学及以上	58	0.069	0.25561	0.002	0.135
	上层	没上过学	5	0	0.0000	- 0.227	0.227
		小中高专	378	0.0714	0.2579	0.045	0.097
		大学及以上	107	0.1028	0.30513	0.054	0.152

续表

年份	阶层	教育分化	N	体育参与均值	标准差	95%平均置信区间	
						下限	上限
2000	下层	没上过学	675	0.0163	0.12671	−0.003	0.036
		小中高专	4073	0.0059	0.07655	−0.002	0.014
		大学及以上	27	0	0	−0.098	0.098
	中层	没上过学	8	0	0.0000	−0.179	0.179
		小中高专	369	0.0596	0.2371	0.033	0.086
		大学及以上	74	0.1892	0.39433	0.13	0.248
	上层	没上过学	0	0	0	0	0
		小中高专	306	0.1013	0.30223	0.072	0.13
		大学及以上	115	0.2	0.40175	0.153	0.247
2004	下层	没上过学	411	0.0024	0.04933	−0.023	0.027
		小中高专	3706	0.0332	0.17916	0.025	0.042
		大学及以上	41	0.1951	0.40122	0.116	0.274
	中层	没上过学	4	0	0.0000	−0.253	0.253
		小中高专	352	0.2045	0.40394	0.178	0.232
		大学及以上	112	0.25	0.43496	0.202	0.298
	上层	没上过学	0	0	0	0	0
		小中高专	349	0.1519	0.3594	0.125	0.179
		大学及以上	142	0.2606	0.4405	0.218	0.303
2006	下层	没上过学	524	0.0076	0.08712	−0.015	0.03
		小中高专	3768	0.0318	0.17562	0.024	0.04
		大学及以上	54	0.2037	0.40653	0.135	0.273
	中层	没上过学	4	0	0	−0.253	0.253
		小中高专	319	0.1693	0.37559	0.141	0.198
		大学及以上	192	0.2865	0.45329	0.25	0.323
	上层	没上过学	2	0	0	−0.358	0.358
		小中高专	275	0.1745	0.38027	0.144	0.205
		大学及以上	167	0.2874	0.45392	0.248	0.327

续表

年份	阶层	教育分化	N	体育参与均值	标准差	95%平均置信区间	
						下限	上限
2015	下层	没上过学	158	0.1266	0.33356	0.086	0.167
		小中高专	3438	0.2728	0.44548	0.264	0.281
		大学及以上	136	0.4412	0.49836	0.398	0.485
	中层	没上过学	1	1	0	0.493	1.507
		小中高专	475	0.5347	0.49932	0.511	0.558
		大学及以上	515	0.5456	0.4984	0.523	0.568
	上层	没上过学	0	0	0	0	0
		小中高专	346	0.5202	0.50031	0.493	0.547
		大学及以上	361	0.5817	0.49396	0.555	0.608

从以上结果可以证明，我国不同教育程度的社会阶层群体体育参与存在不同程度的显著性差异，从中体现出随着我国现代化、社会化的日趋完善，人们越来越重视身体健康，但不同社会阶层的不同教育程度群体的体育参与程度也略显不同，从图 4-8 中可以看出，无论什么社会阶层，受教育程度越高，体育参与程度就越好，从而使得身体健康状态随之提升，这也就说明，受教育程度越高的人对积极参与体育锻炼的意识是不断提高的、十分强烈的，其关于健康知识的掌握和对参与合理体育运动的科学知识的掌握也是非常清晰和丰富的。这也就说明受教育程度的高低对人们的体育参与程度和健康意识具有重要影响。

教育代表了人类对世界认知和理解的根本方面。个人的文化发展水平高低决定了他们的思维观点、生活方式的选择，以及看待客观事物的规律等。一个人的文化教育程度对他们的健康发展会产生重大影响。较高水平的文化教育为个人提供了更多有益的个人成长机会，而较低水平可能会限制这种潜力。从本质上讲，文化教育是培养健康、丰富生活的关键决定因素（吕世龙，2021）。党的二十大报告中，第一次将教育、科技、人才融合成为一个整体来看，重点是要建设教育强国、科技强国、人才强国，并且特别强调了人才是第一资源，要坚持人才引进驱动，加快建设人才强国。在全国大力实施人才强国战略的过程中，人才的基础——身体素质同样也应当是人才强国战略的应有之义。

受教育程度对体育参与产生显著影响，受教育程度越高的人群越愿意参加体育活动。这也许是因为人们在受教育期间对体育对身心健康产生的积极作用有了更深的了解，而且也拥有了更多从事体育的机会与资源；但与之相反的是，受教育程度低的人群可能会由于对体育活动了解不充分而缺少相关资源，致使其参与程度比较低。日常生活中他们或许进行着单纯的体育活动比如散步、跑步等，但是这类活动通常都没有明确的目标，无法有效增强体质。而且受教育程度的高低对体育参与情况的影响也体现在运动项目选择方面，受教育程度越高的人群可能越喜欢足球和篮球等团队项目，因为进行团队运动不仅锻炼了身体，更重要的是培养了合作精神与沟通能力；但是受教育程度低的人群可能会倾向于选择个人项目比如跑步、瑜伽，这类项目相对比较容易上手，也比较容易持之以恒。此外受教育程度的高低也会影响民众对于体育活动的感知与价值取向，受教育程度越高的人参加体育运动，也许更多地关注体育的精神层面与文化内涵，以便更好地认识体育活动给自己与社会带来的好处；受教育程度低的人群可能更加关注体育活动的娱乐性与休闲性。

受教育程度对体育参与有很多影响，主要表现在参与意愿、参与形式、参与时间以及参与频率上。第一，对居民体育参与意愿具有直接的影响。受教育程度越高的人群越注重身心健康，越重视参加体育锻炼给身心健康带来积极作用，愿意投入较多时间与精力；而受教育程度越低的人群对于体育活动可能会缺乏相关的认识与理解，从而造成参与意向比较低。第二，对民众体育参与形式亦有影响。受教育程度越高的人群对体育技能与知识掌握得越多，也就越容易从事一些技术性较强，比较专业的体育活动。并且他们还偏好选择某些带有社交属性的运动，比如团队运动；而受教育程度低的人群则可能会更多地选择简单易操作，易于安排的运动，比如散步和跑步。第三，对民众参与体育时间与频率的影响。受教育程度越高的人群，面对工作学习压力越大，越愿意通过合理分配时间以确保一定运动量。他们比较容易形成经常锻炼的习惯从而经常参加体育活动。而受教育程度越低的人群可能会承受较大的生活与工作压力，很难保证锻炼时间与锻炼频率的固定。

为促使更多人主动参与到体育活动中去，政府与社会也应增加体育

设施与活动的供给，并鼓励不同受教育程度的群体依其自身特性与需要
参与，同时还应重视宣传与教育以增进人民群众对于体育活动的认识与
理解，促进人民健康水平的提升。

4.5 社会阶层与婚姻分化

本书统计了 1997～2015 年不同地区的社会阶层群体婚姻分化的体
育参与人口情况（每周至少进行 1 次体育参与则算为体育参与人口，体
育参与人口占比的计算方法为体育参与人口数量占该类社会群体人口的
比值；将社会阶层重新划分为三层，其中农民与非技术工人阶层和技术
工人与服务行业阶层划分为下层，办事员阶层和初中级知识分子阶层划
分为中层，高级知识分子阶层和行政官员与企业管理者阶层划分为上
层；将婚姻程度分为未婚和已婚两类），具体结果见图 4-9。

如图 4-9 所示，我们可以看出未婚群体的体育参与随着时间的推
移呈现不断增长趋势，具体来看下层群体中的未婚群体体育参与情况从
1997 年的 0.8% 上升到 2015 年的 22.7%，中层群体中的未婚群体体育
参与情况从 1997 年的 1.4% 上升到 21.1%，上层群体中的未婚群体体
育参与情况从 1997 年的 0.8% 上升到 8.5%，这种趋势表明未婚群体对
于体育活动的认知和兴趣逐渐增强，参与度有所提升。

如图 4-9 所示，我们还可以看出已婚群体的体育参与随着时间的
推移呈现不断增长趋势，具体来看下层群体中的已婚群体体育参与情况
从 1997 年的 1.1% 上升到 2015 年的 38.0%，中层群体中的已婚群体体
育参与情况从 1997 年的 0.9% 上升到 18.6%，上层群体中的已婚群体
体育参与情况从 1997 年的 1.4% 上升到 14.6%，从中可以看出已婚群
体的体育参与情况以社会下层群体的人数增长幅度最快。

表 4-9 是对不同年份各社会阶层中婚姻分化的体育参与程度进行
了多因素方差分析，从中可以认识到：1997 年各社会阶层未婚和已婚
之间均不存在显著性差异；2000 年各社会阶层未婚和已婚之间均不存
在显著性差异；2004 年上层群体中的未婚和已婚之间均不存在显著性
差异，下层群体中的未婚和已婚之间均存在显著性差异，且差异程度
（$p < 0.05$），中层群体中的未婚和已婚之间均存在显著性差异，且差异

程度（p<0.01）；2006 年上层群体中的未婚和已婚之间均不存在显著性差异，下层群体中的未婚和已婚之间均存在显著性差异，且差异程度（p<0.01），中层群体中的未婚和已婚之间均存在显著性差异，且差异程度（p<0.001）；2015 年下层群体中的和上层未婚和已婚之间均不存在显著性差异，中层群体中的未婚和已婚之间均存在显著性差异，且差异程度（p<0.001）。

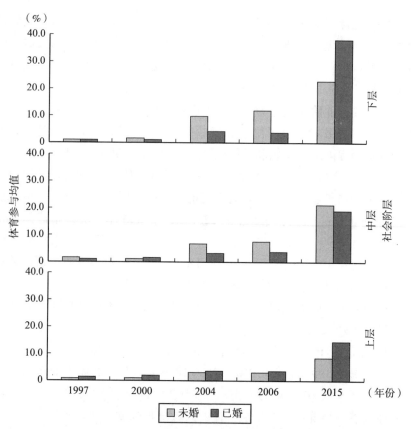

图 4-9 各类社会阶层群体婚姻分化体育参与的发展趋势（1997~2015 年）

注：下层是农民与非技术工人阶层和技术工人与服务行业阶层；中层是办事员阶层和初中级知识分子阶层；上层是高级知识分子阶层和行政官员与企业管理者阶层。1997 年：n = 2114, 27.1%；2000 年：n = 1487, 19.0%；2004 年：n = 1410, 18.1%；2006 年：n = 1340, 17.2%；2015 年：n = 1458, 18.7%。

表 4 - 9　　　　社会阶层视角下体育参与的方差分析结果

年份	阶层	婚姻分化	N	体育参与均值	标准差	95%平均置信区间	
						下限	上限
1997	下层	未婚	1455	0.0021	0.04538	-0.011	0.015
		已婚	4801	0.0058	0.07615	-0.002	0.013
	中层	未婚	135	0.037	0.18956	-0.007	0.081
		已婚	409	0.0538	0.22588	0.029	0.079
	上层	未婚	28	0.1071	0.3150	0.011	0.203
		已婚	462	0.0758	0.2649	0.052	0.099
2000	下层	未婚	864	0.0069	0.08309	-0.01	0.024
		已婚	3911	0.0074	0.0858	-0.001	0.016
	中层	未婚	101	0.0396	0.1960	-0.011	0.09
		已婚	350	0.0914	0.28863	0.064	0.119
	上层	未婚	36	0.1111	0.31873	0.026	0.196
		已婚	385	0.1299	0.3366	0.104	0.156
2004	下层	未婚	549	0.0638	0.24453	0.042	0.085
		已婚	3609	0.0269	0.16175	0.018	0.035
	中层	未婚	79	0.3038	0.4628	0.247	0.361
		已婚	389	0.1954	0.397	0.17	0.221
	上层	未婚	39	0.2564	0.44236	0.175	0.338
		已婚	452	0.177	0.38208	0.153	0.201
2006	下层	未婚	476	0.0903	0.28696	0.067	0.114
		已婚	3870	0.0238	0.15236	0.016	0.032
	中层	未婚	83	0.3253	0.47134	0.27	0.381
		已婚	432	0.1898	0.39261	0.165	0.214
	上层	未婚	41	0.2439	0.43477	0.165	0.323
		已婚	403	0.2134	0.41022	0.188	0.239
2015	下层	未婚	322	0.2578	0.43808	0.229	0.286
		已婚	3410	0.2742	0.44617	0.265	0.283
	中层	未婚	173	0.4451	0.49842	0.406	0.484
		已婚	818	0.5611	0.49655	0.543	0.579
	上层	未婚	63	0.4921	0.50395	0.428	0.556
		已婚	644	0.5575	0.49707	0.537	0.577

从以上结果可以证明，我国社会阶层群体的体育参与存在不同程度的显著性差异，且普遍表现出已婚群体的体育参与程度更高。这种趋势的出现可能是已婚状况的夫妻双方所新组建的家庭会进行各种资源的共享与合并，其中在经济资源方面，为更优质的生活质量提供更高的保障，这也使得已婚群体可以在不需要外人帮助的情况下进行日常体育锻炼，同时也使得身体素质得到了很大的提升。已婚群体夫妻双方共同参与体育锻炼能在一定程度上增强彼此的感情，缓解工作和生活带来的压力。随着时间的不断推移，已婚群体的体育参与的比例持续上升，尤其是社会下层群体，其参与比例从 1997 年的 2.1% 快速增长到 2015 年的 69.2%。这表明已婚群体在体育参与方面呈现稳步上升的态势。已婚群体参与体育锻炼不仅是为了提高自身身体素质，体育也是他们寻求与伴侣共同活动、增强情感交流的一种形式。夫妻间参加体育活动不仅能让健康水平提高，而且能加深相互间的默契与感情，对维护婚姻关系，保持家庭和睦稳定均有重大意义。相对于已婚群体，未婚群体并没有因为在资源共享上处于不利地位而阻碍他们积极参加体育锻炼。事实上，由统计数据可知未婚群体体育参与率亦呈逐年提高趋势。特别是中层群体参与率由 1997 年 0.6% 上升至 2015 年 9.5%，比已婚群体要高。这说明未婚群体对个人健康与身体锻炼也越来越关注，更倾向于尝试一些新鲜好玩的体育运动。未婚群体之所以会参加体育锻炼，可能更多地出于个人健康、兴趣、社交需求等方面考虑。他们也许会倾向于选择一些有挑战性或者社交性的项目，例如瑜伽、跳舞和团队运动。这些锻炼不仅可以提升身体素质，也有助于扩大社交圈子和自信心。

无论婚姻状况怎样，参加体育运动对每个人来说至关重要，并且每个人都要清晰地认识到参加体育锻炼在身心健康方面所起到的积极作用。当今社会发展迅速，人们面临着各种压力与挑战，而参加体育运动则成了减轻压力的有效手段。另外体育锻炼也给人带来社交机会和加强人际关系。在锻炼中认识志同道合的朋友们，一起追求健康的生活，这样会给人的一生增加很多快乐。不论已婚或未婚人群，参加体育锻炼都是其扩大社交圈子、拓展人脉和改善人际关系的良机，而大家要充分意识到体育锻炼的意义，并且要把体育锻炼融入日常生活中。通过积极参加体育锻炼，在扩大社交圈子、改善生活质量的同时，还能够增强身体素质、减轻压力、增进心理健康。

4.6 小结

社会阶层下影响体育参与的群体分化是多维度的，本章第一部分主要探讨社会阶层与地区分化对体育参与人口的影响。研究结果表明，不同社会阶层不同地区的体育参与情况都呈现出不断增长的趋势，虽然不同地区之间存在差异，但总的来讲，各地区都在不断发展经济，使人民的生活水平得到提升；各地政府持续推动开展更多的体育活动，从而使更多的人有精力和物力去参加体育活动，使得自身健康水平得到增强。第二部分主要探讨了不同地区不同社会阶层中性别分化的体育参与人口的发展趋势。结果表明，随着时间的推移，女性参与体育运动的比例呈稳步上升趋势，尽管与男性相比增长速度较慢。无论男性还是女性，下层群体的体育参与人数表现出最显著的增长。此外，男性群体更多的是参与有竞争力和强度高的运动，女性群体则更加关注体育锻炼对于自身体型的影响。产生这些不同的原因可能有工作环境、性格原因和社会习俗等。但从整体上看，社会在进步，人们生活水平在提升，人们对于体育锻炼也更加关注，从而体育活动参与率也在不断上升。第三部分主要探讨不同社会阶层户籍分化对运动参与的影响。总体上看，农村群体体育参与和城镇群体体育参与趋势随时间推移都呈现持续上升态势，而农村群体虽然社会下层阶级参与水平比较高，但是农村群体中上层阶级仍然滞后于城市群体的体育参与。另外，本章还发现城市群体与农村群体的体育参与存在明显的不同，主要表现为公共服务设施覆盖率不同，消费模式不同以及资金来源不同。从整体上看，我国体育运动参与人口规模逐渐扩大，主要原因是国家政策出台及生活水平日益提高。第四部分为主要探讨了不同社会阶层群体在教育分化中体育参与的人群状况。研究结果显示：不同受教育程度人群体育参与程度随时间呈逐年上升态势。其中小中高专、大学及其以上受教育程度人群体育参与增加较明显，未上过学的人群增加不大。从整体上来看，受教育程度高、体育参与程度高可能与其健康知识掌握情况、参加体育运动科学知识相关。同样实施人才强国战略还需重视人才基础身体素质问题，它也将成为其应有之义。第五部分主要探讨不同社会阶层群体在婚姻分化中的体育参与人群状况。研究结果显示不同社会阶层群体婚姻分化中体育参与状况随时间推移而有所差别，已婚群体体育参与表现出较为平稳的上升态势，未婚群体也呈上升趋势，但是上升的速度比较缓慢。尽管已婚群体与未婚群体在一定程度上有所区别，但是都认识到了体育对身心健康的重要意义，并且越来越多地表现出积极的参与趋势。

要想认识"社会阶层"与人们"体育参与""健康状况"之间的深层关系问题，需要一系列的前期基础现状探讨：首先，需要了解社会阶层视角下的体育参与人口与健康人口结构特征；其次，需要认识社会阶层视角下的体育参与与健康不平等的发展趋势特征；最后，才能逐步开始深入探讨与实证"社会阶层"与人们"体育参与""健康状况"之间的逻辑关系。

5.1 社会阶层与体育参与

5.1.1 社会阶层视角下的体育参与人口结构

本章统计了 1997~2015 年不同社会阶层群体中体育参与人口占比（每周至少进行一次体育参与则算为体育参与人口，体育参与人口占比的计算方法为体育参与人口数量占该类社会群体人口的比值），如图 5-1 所示。从图 5-1 中我们可以看出，各年份中社会阶层视角下的体育参与人口结构主要呈现了"橄榄型"结构特征，表现出中间社会阶层群体的体育参与人口占比较高，在 2015 年体育参与人口占比达到 40% 以上（如图 5-1 中 Y 轴两侧的比例相加）。但这一针对我国群体的研究结果相比于国外体育参与人口仍存在一定差距，如：范和希尔德（Van & Scheerder，2010）通过对欧盟国家的社会分层与体育参与的关系进行了实证研究，发现 60% 的群体参与体育活动，并指出职业对体育参与能够产生一定影响，从事高声望职业的群体更容易参与体育活动等，当然，"橄榄型"人口结构特征还表现出了两头群体的体育参与人口占比相对较低的特点，而社会底层群体的体育参与人口表现出最低的结构特征。这一结构特点进一步验证了在 2000 年我国的《中国群众体育现状与研究》报告结果，该报告结果显示：管理人员的体育参与率为 24.40%、教科人员的体育参与率为 34.30%、服务人员的体育参与率为 14.6%、工人的体育参与率为 19.3%、农民的体育参与率为 8.4%[①]，这也正是一个"橄榄型"结构特征的完美呈现，同时，这也证明了以往学者们所认可的 CHNS 追踪数据库中的个人与家庭特征数据与全国性样本所表现出来的特征具有可比性（Du et al.，2002），因此，后续的研究也将能在一定程度上代表我国的群体性结果。

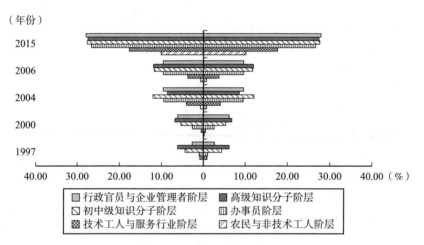

图 5 - 1　社会阶层视角下体育参与人口的"橄榄型"结构特征

注：1997 年：n = 7290，19.6%；2000 年：n = 5647，19.6%；2004 年：n = 5117，17.8%；2006 年：n = 5305，18.4%；2015 年：n = 5438，18.9%。

本书前述划分的下层群体为农民与非技术工人等群体，他们以农业（以农、林、牧、副、渔为主要职业的农民群体）或伐木工、普通工人为主，从他们的主要职业中我们可以了解到，该群体均以体力劳动为主要职业，从而使他们每天忙于各种体力工作，一天下来将很少有人再有

---

① 中国群众体育现状调查课题组. 中国群众体育现状调查与研究 ［M］. 北京：北京体育大学出版社，2005.

精力去进行体育参与。究其深层原因，从该群体自身来说，社会底层群体由于占有社会资源的不足将严重限制他们成为体育参与人口的可能；从体育参与来看，托尔斯坦（Thorstein，1899）认为，参与体育活动是"有闲"的表现，从而使其超越了自身的机制，并成为区分不同社会阶层群体的一种表达形式，而社会底层群体通常忙于体力劳动，基本无"有闲"表现，也正基于此，下层群体中体育参与人口占比较高社会阶层群体中的体育参与人口占比明显偏少就不足为奇了；从体育参与的效果来看，尽管学界普遍认为体育锻炼所形成的肌肉类型与体力劳动所形成的肌肉类型是截然不同的，但是它们存在一个共同的特点，便是均能够使人们产生疲惫感，而这是该群体成为体育参与人口的最大阻力。因此，从群体特征来看，该群体表现出最低的体育参与人口比例。

而办事员阶层、初中级知识分子阶层以及高级知识分子阶层的体育人口占比通常较高，其中：办事员阶层通常是指党政机关、企事业单位以及社会化团体中处理日常行政事务的人员，包括：秘书、办公室工作人员以及办事员等；初中级知识分子主要包括普通教师、编辑、护士等群体；而高级知识分子则主要包括教授、医生、建筑师、工程师等，这些群体通常也将表现出一个相似的工作特征，即：长期工作于办公室中，由于他们通常是进行脑力劳动，缺乏身体锻炼来提高身体活动程度和缓解心理压力，同时，该群体也具有更高的收入来源，从而占有更多的社会资源（包括体育资源），且由于工作性质，他们比下层群体具有更多的时间参与体育活动。也正是由于以上原因，这些社会阶层的群体表现出了最高的体育人口占比。

针对行政官员与企业管理者阶层，他们主要是各级党政机关、事业单位以及企业的负责人，作为社会发展与经济改革的主要推动者与组织者，他们的社会态度、利益以及行动取向在中国的社会政治体制中使他们具有决定性的影响力，从而也具有较高的社会定位，属于上层群体。从图 5-1 中可知，在大部分年份中尽管社会阶层视角下的体育参与人口结构比较符合"橄榄型"结构特征，但是其行政官员与企业管理者阶层中体育参与人口占比还是比下层群体的体育人口占比高很多的。这一点也肯定了其他学者的调查结果，吕树庭（2006）通过调查广州市各社会阶层体育人口的分布，发现尽管社会上层占总人口比例较低（占总人口的 2.1%），中下层占总人口比例偏高（占总人口的 44%），但是前者却占据了体育人口的 22.2%，后者仅占体育人口的 5%①。由此来看，正是由于行政官员与企业管理者阶层中体育人口占比的扩展，本书研究所得到的社会阶层视角下体育参与人口的"橄榄型"结构特征其实更符合一种上蓬下窄的"橄榄型"结构特征。

综上所述，在我国的社会结构中，社会阶层视角下的体育参与人口主要表现出了"橄榄型"结构特征，这一结构主要表现出中层附近的体育参与人口占比相对较高，而上层和下层体育参与人口占比相对较低的特点，且在本书研究中展现了下层群体中体育人口占比的严重不足现象，这在一定程度上表现了我国居民的体育参与还有待提升社会平等性，正如比利时的社会学家希尔德等（Scheerder et al.，2005）的研究那样，他们通过调查 1979~1999 年比利时弗兰德斯（Flanders）地区人们的体育参与情况，发现体育参与存在严重的社会不平等，拥有丰富社会资源（包括体育资源）的上层群体参与体育运动的比例更高，而占有社会资源有限的下层群体的体育参与比例则相对普遍偏低。由此看来，我国在"健康中国"战略背景下，要想实现"全民健身"的整体目标还需要很长的路要走。

5.1.2 社会阶层视角下的体育参与趋势特征

本部分重点对社会阶层视角下体育参与的两个趋势特征进行认识，其一：随着社会的发展（1997~2015 年），各社会阶层群体的体育参与程度是提升还是降低？（该问题探讨不同年限下社会阶层的人们体育参与程度发展趋势）；其二：随着社会阶层的提升，人们体育参与程度是提高还是下降？（该问题探讨在同一年限下社会阶层的体育参与程度发展趋势）。基于以上两个问题，本章通过对 CHNS 最终数据资料进行整理与分析，分别制作了图 5 - 2 和图 5 - 3。

基于图 5 - 2 可得：1997~2015 年，呈现出各社会阶层群体的体育参与情况显著提升的发展趋势，且高社会阶层群体的体育参与程度提升更高。图 5 - 2 中显示，在 1997 年和 2000 年期间，中国各社会阶层群

---

① 吕树庭. 社会结构分层视野下的体育大众化 [J]. 天津体育学院学报，2006，21（2）：93 - 98.

体的体育参与情况普遍偏低，直到 2004 年和 2006 年，各社会阶层群体才逐渐提高了自身的体育参与程度，但从图 5 - 2 中可以了解到，这种提高幅度不明显。而从 2006 年到 2015 年可以看到，我国各社会阶层群体的体育参与情况得到明显提升与改善，且从中发现如下现象，即：低社会阶层群体（如图 5 - 2 所示的农民与非技术工人阶层、技术工人与服务行业阶层群体的体育参与变化曲线）的提升幅度显著低于高社会阶层群体（如图 5 - 2 所示的知识分子阶层、行政官员与企业管理者阶层群体的体育参与变化曲线）。这一针对本国调查的研究结果与针对国外研究的报告结果相契合，范雷乌塞尔和塔克斯（Vanreusel & Taks，2002）通过对 1969 ~ 1999 年弗兰德斯地区居民调查后也发现，不同群体在 30 年的历程中其体育活动比例均有了较高幅度的提高，但是提升幅度存在阶层差异。

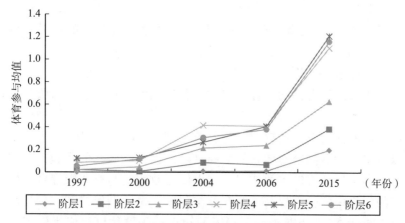

图 5 - 2　各社会阶层群体的体育参与发展趋势（1997 ~ 2015 年）

注：阶层 1 是农民与非技术工人阶层；阶层 2 是技术工人与服务行业阶层；阶层 3 是办事员阶层；阶层 4 是初中级知识分子阶层；阶层 5 是高级知识分子阶层；阶层 6 是行政官员与企业管理者阶层。1997 年：n = 7290，19.6%；2000 年：n = 5647，19.6%；2004 年：n = 5117，17.8%；2006 年：n = 5305，18.4%；2015 年：n = 5438，18.9%。

　　究其原因，主要包括：社会阶层中的社会资源占有不同、工作形式不同以及个人需求不同（社会资本、健康资本等）。由于高社会阶层群体在社会发展过程中占有更多的社会资源，而低社会阶层群体则占有较少的社会资源，从而我国在配置各种社会资源时（包括体育资源），高社会群体更容易获得这些资源，进而大幅度提高了该社会群体的体育参与程度。从王甫勤（2012）在健康生活方式再生产理论中也可以理解到高社会阶层所占资源的差异，导致了人们在消费行为、体育参与等方面带来的影响；同时，高社会群体他们主要从事脑力劳动（与低社会阶层群体不同，主要从事体力劳动），他们在各种工作的心理压力下，缺乏一种身体释放，而体育参与为他们在紧张的工作压力下放松心情、锻炼身体提供了一种可能的社会行为；并且，高社会阶层群体还会通过体育参与来提高社会资本，进而扩大个人的社会网络规模，增强与他人的关系强度和加深紧密度（于永慧，2005；Burnet，2006），进而更有助于自身未来工作的开展。但是，不同社会阶层群体体育参与提高幅度不同的这一发展趋势，可能将逐渐带来体育参与的社会阶层差异，即表现出社会阶层下的体育参与不平等问题，而这也是需要后续研究进一步证明的一个重要问题，即这种体育参与的阶层差异是否存在显著性。

基于图 5-3 可得：在同一年份中，随着社会阶层的提升，体育参与程度均表现出显著提高与缓慢下降的特征，从而呈现出一种"倒U型"发展趋势。图 5-3 中显示，无论是从哪一年份来看，农民与非技术工人阶层群体的体育参与均值普遍偏低，技术工人与服务人员阶层群体的体育参与次之，而初、中级知识分子阶层、高级知识分子阶层群体的体育参与情况通常保持在一种最高状态（从图 5-3 中还可以看出，随着国家对体育的重视以及全民健身政策的实施，人们也逐渐提高了对体育锻炼的认识，这也使行政官员与企业管理者阶层在后续的年份中大幅度提高了体育参与程度，也逐渐保持了一种较高的体育参与状态）。由此来看，我国的知识分子群体已然成为中国体育参与程度最高的社会群体，这一点也得到了其他学者的认证，如：卢元镇（2003）在 2001 年对体育活动人口的调查，其在调查结果中显示：高等学历人群的体育参与人口占比达到 65.32%，中等学历的体育人口为 39.93%，而小学及半文盲、文盲人群的体育参与人口占比仅为 16.96%，表现出知识分子参加体育活动的人数比率明显高于其他两类人群。

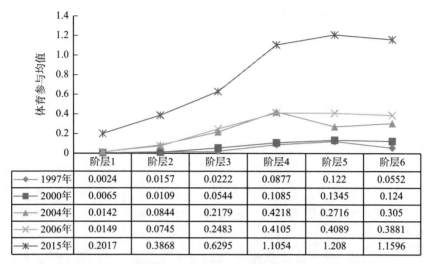

	阶层1	阶层2	阶层3	阶层4	阶层5	阶层6
1997年	0.0024	0.0157	0.0222	0.0877	0.122	0.0552
2000年	0.0065	0.0109	0.0544	0.1085	0.1345	0.124
2004年	0.0142	0.0844	0.2179	0.4218	0.2716	0.305
2006年	0.0149	0.0745	0.2483	0.4105	0.4089	0.3881
2015年	0.2017	0.3868	0.6295	1.1054	1.208	1.1596

图 5 – 3　社会阶层视角下体育参与趋势特征（1997～2015 年）

注：阶层 1 是农民与非技术工人阶层；阶层 2 是技术工人与服务行业阶层；阶层 3 是办事员阶层；阶层 4 是初中级知识分子阶层；阶层 5 是高级知识分子阶层；阶层 6 是行政官员与企业管理者阶层。1997 年：n = 7290，19.6%；2000 年：n = 5647，19.6%；2004 年：n = 5117，17.8%；2006 年：n = 5305，18.4%；2015 年：n = 5438，18.9%。

之所以农民与非技术工人阶层、技术工人与服务人员阶层群体的体育参与情况在各个年份中均保持在较低的发展状态，其主要原因既与他们占有社会资源的不足有关（在前已论述），也与他们自身的工作有关，由于他们主要从事体力劳动维持生存，那么劳累一天的身体必然不太可能去继续参加体育锻炼来提升自身的身体机能（尽管体育锻炼与体力劳动所形成的身体健康机制不一，体育锻炼有助于形成弹性高、伸缩强、爆发好的活性肌肉群，有益身体健康）。当然，体育参与不仅能够提升人们的身体健康，同时，它还能够显著提高人们的社会心理健康（如提高抗压能力、缓解抑郁、放松心情等）。但是，由于低社会阶层群体受教育程度也普遍偏低，对体育参与所带来的社会身心健康效应的影响认识比较片面，正如"计划行为理论"所指那样，人们的行为取决于意识（由态度、主观规范以及认知行为控制共同决定）①，而受教育程度低的社会底层群体的体育参与意识淡薄，必然造成他们与社会中

---

① Ajzen I. The theory of planned behavior [J]. Organizational Be-havior Decision Processes, 1991, 50 (2)：179 – 211.

上层群体体育参与行为的差距。这一点已得到了学者们的证实，如：孙
淑慧和王广虎（2002），以及孙淑慧等（2004）通过调查西蜀重镇雅安
居民的体育锻炼态度与行为，发现各阶层中体育锻炼态度与意识尽管有
一定提高，但是仍然表现出了较为明显的阶层差异；陈正（2005）在
对我国不同社会阶层群体的体育休闲活动调查中也发现，尽管各社会阶
层对体育价值的认识比以往有所提高，但是在提升幅度以及占有资源
上的差异使人们的体育参与仍然存在明显的阶层差异。因此，从这一
方面来看社会底层群体将比受过更高教育熏陶的高社会阶层群体而
言，他们也将不占优势，逐渐拉开与高社会阶层群体的体育参与差
距。而这，也便会逐渐造成一个现象，即：不同社会阶层的体育参与
不平等现象。

综上所述，本部分主要验证了随着时间的变化，不同社会阶层群体
的体育参与发展趋势和随着社会阶层的变化，人们在不同年限中体育参
与的变化趋势。据本书研究证实：在 1997～2015 年，各社会阶层群体
的体育参与情况表现出显著提升的发展趋势，且表现出高社会阶层群体
的体育参与提升幅度更大。同时，研究还证明：在同一年份中，随着社
会阶层的提升，体育参与均表现出显著提高与缓慢下降的趋势特征，从
而呈现出一种"倒 U 型"发展趋势。基于对这一发展趋势的逻辑分析
与理解，结合上一节中社会阶层视角下体育参与人口的"橄榄型"结
构特征结果，它们均将矛头指向了一个现象，即：不同社会阶层的体育
参与不平等现象可能是一种社会现实。基于此，下一节将重点探讨"人
们体育参与的阶层差异是否具有显著性？"和"社会阶层视角下的这种
体育参与不平等的发展趋势如何？"

5.1.3 社会阶层视角下的体育参与不平等

基于上一节内容，无论是社会阶层视角下的体育参与人口结构特征
还是体育参与的趋势特征，均将矛头指向了"社会阶层视角下的体育参
与不平等问题"。因此，本节将主要探讨社会阶层视角下体育参与的不
平等现象是否存在（是否存在显著性差异）与其发展趋势，从而验证
假设 1（近 20 年间，社会阶层视角下人们的体育参与逐渐出现分化，
并表现出体育参与的阶层差异）。因此，本节首先对不同年份中各社会
阶层群体的体育参与程度进行了单因素方差分析，来证实体育参与的阶

层差异是否存在显著性，结果见表 5 - 1。然后，笔者分别从社会阶层
与社会等级两个方面绘制了体育参与不平等的变化示意图（1997 ~ 2015
年），见图 5 - 4 和图 5 - 5，来证明人们体育参与阶层差异的发展趋势。

表 5 - 1　　　　社会阶层视角下体育参与的方差分析结果

年份	社会阶层	N	体育参与均值	标准差	95%平均置信区间	
					下限	上限
1997	农民非技术工人阶层	5048	0.0024	0.0487	0.0010	0.0037
	技术工人与服务行业阶层	1208	0.0157	0.1245	0.0087	0.0228
	办事员阶层	316	0.0222	0.1474	0.0058	0.0385
	初中级知识分子阶层	228	0.0877	0.2835	0.0507	0.1247
	高级知识分子阶层	164	0.1220	0.3282	0.0713	0.1726
	行政官员与企业管理者阶层	326	0.0552	0.2288	0.0303	0.0801
2000	农民非技术工人阶层	3856	0.0065	0.0803	0.0039	0.0090
	技术工人与服务行业阶层	919	0.0109	0.1038	0.0042	0.0176
	办事员阶层	239	0.0544	0.2273	0.0254	0.0834
	初中级知识分子阶层	212	0.1085	0.3117	0.0663	0.1507
	高级知识分子阶层	171	0.1345	0.3422	0.0828	0.1862
	行政官员与企业管理者阶层	250	0.1240	0.3302	0.0829	0.1651
2004	农民非技术工人阶层	3092	0.0142	0.1185	0.0101	0.0184
	技术工人与服务行业阶层	1066	0.0844	0.2815	0.0675	0.1013
	办事员阶层	257	0.2179	0.5070	0.1556	0.2802
	初中级知识分子阶层	211	0.4218	0.9648	0.2909	0.5527
	高级知识分子阶层	232	0.2716	0.7837	0.1702	0.3729
	行政官员与企业管理者阶层	259	0.3050	0.8043	0.2066	0.4034

年份	社会阶层	N	体育参与均值	标准差	95%平均置信区间	
					下限	上限
2006	农民非技术工人阶层	3164	0.0149	0.1210	0.0106	0.0191
	技术工人与服务行业阶层	1182	0.0745	0.2626	0.0595	0.0894
	办事员阶层	286	0.2483	0.6023	0.1782	0.3183
	初中级知识分子阶层	229	0.4105	0.9210	0.2906	0.5304
	高级知识分子阶层	225	0.4089	0.9783	0.2804	0.5374
	行政官员与企业管理者阶层	219	0.3881	1.0794	0.2444	0.5319
2015	农民非技术工人阶层	2008	0.2017	0.4014	0.1841	0.2193
	技术工人与服务行业阶层	1732	0.3868	0.5882	0.3591	0.4146
	办事员阶层	583	0.6295	0.7575	0.5679	0.6911
	初中级知识分子阶层	408	1.1054	1.6384	0.9459	1.2648
	高级知识分子阶层	375	1.2080	1.7746	1.0278	1.3882
	行政官员与企业管理者阶层	332	1.1596	1.8317	0.9619	1.3574

从表 5-1 可得：不同社会阶层群体的体育参与存在显著性差异（$p < 0.05$ 或 $p < 0.01$ 或 $p < 0.001$），从而表现出社会阶层视角下存在明显的体育参与不平等现象。目前，在我国实行"健康中国"与"全民健身"的政策背景下，国家投入了大量的体育资源来促进人们的体育参与，旨在提升全民的身体素质，进而提高广大人民群众的健康水平。但是，从目前统计资料的结果来看，尽管这一政策与手段大量提升了我国居民的体育参与水平（图 5-2 得证），但是也逐渐显现了一系列问题，其中不同社会阶层群体由于占有社会资源的不同（包括体育资源），从而逐渐表现出了显著的体育参与差别，进而呈现了明显的体育参与不平等现象（表 5-1、图 5-4、图 5-5 可得证）。

从表 5-1 对不同年份中社会阶层视角下体育参与程度的方差分析可以认识到：在 1997 年，除办事人员阶层和技术工人与服务行业阶层之间均无显著性差异外，其他各社会阶层之间的比较均存在显著性差异（p < 0.001）；在 2000 年，除农民非技术工人阶层和技术工人与服务行业阶层之间，初、中、高级知识分子阶层和行政官员与企业管理者阶层之间无显著性差异外，其他各社会阶层之间的比较均存在显著性差异（p < 0.001）；在 2004 年，除办事员阶层、高级知识分子阶层和行政官员与企业管理阶层之间均无显著性差异外，其他各社会阶层之间的比较均存在显著性差异（p < 0.05 或 p < 0.001）；在 2006 年，除初、中、高级知识分子阶层和行政官员与企业管理者阶层之间无显著性差异外，其他各社会阶层之间的比较均存在显著性差异（p < 0.05 或 p < 0.001）；在 2015 年，除初、中、高级知识分子阶层和行政官员与企业管理阶层之间不存在显著性差异外，其他各社会阶层之间的比较均存在显著性差异（p < 0.001）。

从以上结果可以证明，我国社会阶层群体的体育参与存在不同程度的显著性差异，且普遍表现出中层、上层群体的体育参与程度更高。而这一结果在我国其他学者的研究中也得到过实证，如：韩秋红（2015）采用单因素方差分析探讨了社会分层与体育锻炼的实证关系，并从中发现社会地位处于中层和中上层的社会群体比上层和中下层的社会群体具有更高的显著性体育参与程度，并得到职业生涯、文化程度以及收入状况能够很好地预测体育锻炼程度。由此看来，我国不同社会阶层群体的体育参与程度确实存在显著性差异，那么，这种体育参与的阶层差异随着时间的变化而扩大还是缩小还有待于进一步考证。

基于图 5 - 4 和图 5 - 5 可得：在 1997 ~ 2015 年的社会阶层视角下体育参与的不平等现象表现出扩大趋势，并呈现了"马太效应"的发展特征。基于图 5 - 4，我们可以看出：农民与非技术工人阶层和技术工人与服务行业阶层，初中级知识分子阶层与高级知识分子阶层，高级知识分子阶层和行政官员与企业管理者等这些群体之间的体育参与差距并无明显的扩大趋势，反而有减小趋势，而初中级知识分子、高级知识分子、行政官员与企业管理者等群体和农民与非技术工人、技术工人与服务行业等群体的体育参与程度却存在明显的增大趋势。这一点，从图 5 - 5 中基于上、中、下群体之间体育参与程度差异随时间的变化趋势也可以进一步证明，其中，在社会等级 1 与社会等级 2 之间（农民与非技术工人阶层、技术工人与服务行业阶层和办事员阶层、初中级知识分子阶层之间），社会等级 1 与社会等级 3 之间（农民与非技术工人阶层、技术工人与服务行业阶层和高级知识分子阶层、行政官员与企业管理者阶层之间）的体育参与差距均存在显著的提升。且从数据资料来看，等级 1 与等级 2 在 1997～2015 年，体育参与差异幅度提高 3.42 倍之多，等级 1 与等级 3 在 1997～2015 年，体育参与差异幅度提高 4.24 倍之多，而等级 2 与等级 3 在 1997～2015 年，体育参与差异幅度仅提高 45.41%①。

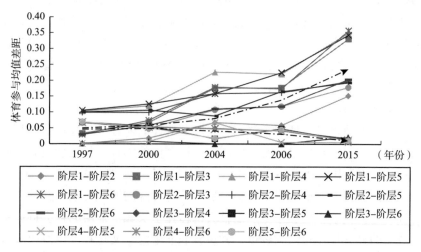

图 5 - 4　社会阶层视角下体育参与不平等变化（基于社会阶层）

注：阶层 1 是农民与非技术工人阶层；阶层 2 是技术工人与服务行业阶层；阶层 3 是办事员阶层；阶层 4 是初中级知识分子阶层；阶层 5 是高级知识分子阶层；阶层 6 是行政官员与企业管理者阶层。1997 年：n = 7290, 19.6%；2000 年：n = 5647, 19.6%；2004 年：n = 5117, 17.8%；2006 年：n = 5305, 18.4%；2015 年：n = 5438, 18.9%。

　　由此，以上结果验证了"马太效应"，该理论强调随着社会的发展，社会中上层群体的优势越来越明显，而社会底层群体的劣势也越来越显著，从而表现出优者更优，劣者更劣的趋势特征。而不同社会阶层群体的体育参与不公平现象正是如此，起初，他们的体育参与行为仅存在微弱的差异（图 5 - 1、图 5 - 4 以及图 5 - 5 均可以证明），但是，由于不同社会阶层所占有的社会资源存在差异（尤其是经济资源、服务资源以及体育资源等），并随着时间的推移（1997～2015 年），不同社会

———————————

①　提升幅度倍数与百分比来自制作图 5 - 5 的原始数据资料。

阶层群体占有社会体育资源的差距将进一步扩大，优势群体在获得了更多的社会体育资源基础上，提升了他们的体育参与程度，而劣势群体则相反。当然，这是从不同社会阶层所占有的社会资源不同而造成的体育参与不平等来说的，其实，体育在其本质与形象上也在不断地解释着社会阶层的不平等，正如法国社会学家布尔迪厄（Bourdieu，1989/1994）所认为的那样，体育像其他社会活动一样，也是社会各阶层之间努力争取的一个目标物，它作为一项社会实践提供了阶层区隔的标准。因此，既然我国在社会发展过程中逐渐形成了差异显著的社会阶层群体，那么这些群体的体育参与程度也将逐渐出现分化现象。

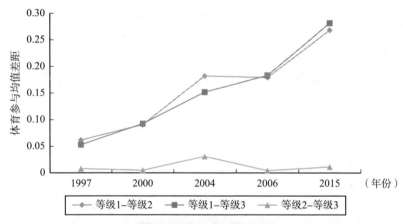

图 5-5 社会阶层视角下体育参与不平等变化（基于社会等级）

注：等级 1 为社会中下层，包括：农民与非技术工人阶层、技术工人与服务行业阶层；等级 2 为社会中层，包括：办事员阶层、初中级知识分子阶层；阶层 3 为社会中上层，包括：高级知识分子阶层、行政官员与企业管理者阶层。1997 年：n = 7290, 19.6%；2000 年：n = 5647, 19.6%；2004 年：n = 5117, 17.8%；2006 年：n = 5305, 18.4%；2015 年：n = 5438, 18.9%。

综上所述，本节主要得到了社会阶层群体体育参与的显著性差异现实与趋势特征，研究发现：不同社会阶层群体的体育参与存在明显的差异现实，即：表现出社会阶层群体体育参与的不平等现象。同时，这种社会阶层下的体育参与不平等现象随着时间的推移，表现出了逐步扩大的发展趋势，从而呈现了"马太效应"的发展特征，这一结果验证了本书提出的假设 1。由此，我们认识到，社会阶层对人们的体育参与将可能存在着重要的影响，尽管从前面论述中已经认识到社会阶层与体育参与存在一种"倒 U 型"关系，但是，在控制其他变量后，来进一步探讨社会阶层与体育参与的关系时，这种关系是否仍然存在还需要进一步验证，即考察这种关系的稳定性，这将在第6章中做重点分析与论述。

5.2 社会阶层与健康

5.2.1 社会阶层视角下的健康人口结构

本小节研究统计了1997～2015年不同社会阶层群体中健康人口占比（基于调查问卷中对健康问题的内容与回答方式，本研究设定健康评分为4和5的群体为健康群体，其他为非健康群体，健康人口占比的计算方法为健康人口占该社会阶层群体人口比值），见图5－6。从图5－6中我们可以看出，无论是哪一年份，均呈现了"倒金字塔型"的健康人口结构特征，表现出下层群体的自评健康状况普遍偏低，而社会中层、上层群体的自评健康状态普遍偏高的结构特点。相关研究也指出，我国较高社会阶层群体的健康改善程度明显好于较低社会阶层（马亚娜和刘艳，2004），这也对"倒金字塔型"健康人口结构特征的形成产生了助力作用。

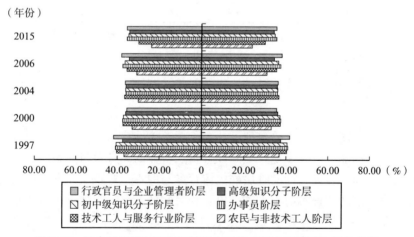

图5－6　社会阶层视角下自评健康人口的"倒金字塔型"结构特征

注：1997年：n＝7290，19.6%；2000年：n＝5647，19.6%；2004年：n＝5117，17.8%；2006年：n＝5305，18.4%；2015年：n＝5438，18.9%。

农民与非技术工人阶层群体、技术工人与服务人员阶层群体均属于自评健康较差的社会群体，农民工主要以农、林、牧、副、渔为主要工作，他们的工作环境通常较为恶劣，受到自然环境的影响也较大，即便在较差的自然地理环境、自然天气环境下，他们仍需要外出进行作业，甚至有些农产品还需要趁下雨时或下雨后进行作业才能使来年得到好的收成，这就极大地影响了该类群体的身体健康状况。当然，工人也是如此，他们需要天天在厂房或车间与一些仪器、化工产品打交道，而这些设备或产品在很大程度上将影响他们的健康状况，甚至造成重大疾病的出现。而包括社会中层在内的社会中上层阶层群体则不同，他们通常工作于宽敞明亮的办公室，如：秘书、教师、编辑、教授等群体，他们的工作环境不受自然环境影响，同时，他们还很少与较危险的仪器接触，从而使这些群体表现出了较高的健康状态。

当然，除工作环境外，不同社会阶层所占有的社会资源、社会网络均是影响他们产生不同健康状况的重要机制，林克和菲伦（Link & Phalen，1995）认为：与健康相关的社会资源（包括体育资源）更易于被社会中上层人士获得，他们通常可以较为方便地利用这些社会资源来保证自己的健康状态（包括通过医疗治疗、社会参与、体育参与、社会服务来保证自身健康），因此，社会阶层被视为"健康不平等的根本性因素"；焦开山（2014）的研究也认为，社会经济地位较高者，通常仍容易与其他成员产生互动，提高社会网络，而这使他们具有更少的抑郁症和更优的身体功能，从而表现出更高的自评健康状态。目前来看，从改变社会底层群体所占有的社会资源出发，我国加大了公共体育资源投入，尽量满足各层社会阶层群体对体育资源的需求，想通过"全民健身"这一手段来提高群众的整体健康状况，但就现实情况来看，缺乏对社会底层群体的一种利益表达和补偿机制的构建，来确保社会底层群体优先获得公共体育资源，促进自身的体育参与，来提升健康状况。因此，未来应该如何根据不同社会阶层来实现公共体育资源投入的利益表达与补偿机制的构建，可能是未来研究的一项重要内容，也将是本书提出对策建议的重要依据之一。

5.2.2 社会阶层视角下的健康趋势特征

同样，本小节重点对社会阶层群体自评健康的两个趋势特征进行认识：其一，随着社会的发展（1997～2015年），各社会阶层群体的健康情况是提升还是降低？即探讨不同年限下社会阶层群体的健康发展趋势；其二，随着社会阶层的提升，人们的健康状况是提高还是下降？即探讨在同一年限下社会阶层的健康发展趋势。基于以上两个问题，本小节通过对研究资料的整理与分析，分别制作了图5-7和图5-8。

基于图5-7可得：在1997～2015年，各社会阶层群体的健康状况呈现出逐渐下降的发展趋势，且低社会阶层群体的健康状况下降幅度更高。从图5-7中我们可以看出，我国在1997～2015年，各个社会阶层群体的健康状况均表现出了一定程度的下降，在1997年时，各社会阶层均报告了较高的自评健康水平，其中即便是社会底层的农民与非技术人员阶层的群体也报告了3.82的健康分值（最高分为5分）。但是，随着社会的发展，自评健康状态表现出逐步降低的趋势，农民与非技术人员阶层的群体的健康状态下降8.65%，而行政官员与企业管理者阶层群体的健康状态仅下降1.96%，初中级知识分子阶层群体的健康状态仅下降2.85%，办事员阶层群体的健康状态仅下降1.76%（高级知识分子阶层群体的健康状态下降幅度很小，保持在相当水平）。

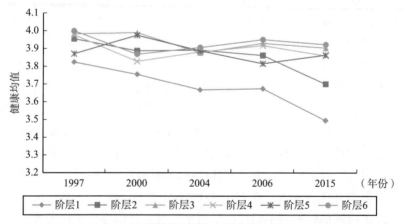

图5-7 各类社会阶层群体的健康发展趋势（1997～2015年）

注：阶层1是农民与非技术工人阶层；阶层2是技术工人与服务行业阶层；阶层3是办事员阶层；阶层4是初中级知识分子阶层；阶层5是高级知识分子阶层；阶层6是行政官员与企业管理者阶层。1997年：n=7290，19.6%；2000年：n=5647，19.6%；2004年：n=5117，17.8%；2006年：n=5305，18.4%；2015年：n=5438，18.9%。

究其原因，本书调查样本的健康状况随着时间的流逝而下降主要是样本来自 CHNS 追踪调查数据，即不同年份的调查，代表了调查样本的不同年龄阶段，而年份的发展，其实就是这些样本群体年龄的增长。随着年龄的老去，人们表现出逐渐降低的健康状态这一点已得到学者们的普遍共识，哈曼（Harman，1981）的研究指出，人们通常情况下在年轻的时候会比较健康，而随着年龄的提升，健康水平将逐渐下降。也就是说：从群体来看，青少年群体此时由于并未受到各种工作环境、社会压力以及身体机能的影响，他们通常会表现出更高的健康状况，而到了成年人，他们由于工作环境、社会压力将逐渐表现出更低的健康状态，当随着时间的流逝，人逐渐衰老之后，便会受到身体机能衰退的影响，从而表现出最低的健康状态。也正是因为以上原因，本书的调查样本表现出在 1997~2015 年，社会各类群体的健康状态均表现出逐渐降低的发展趋势。

由此来看，人们的健康状况随着其年龄的提升而逐渐降低应该是人类生命历程中一个无法避免的现实，但是，从图 5-7 中我们认识到了不同社会阶层群体的这种健康下降幅度是存在差异的，高社会阶层的这种健康下降幅度普遍低于低社会阶层群体的健康下降幅度，也正是因为这种下降差距，将逐渐导致人们健康状况的阶层差异，从而表现出社会阶层下的健康不平等问题，当然，这便是下一节需要重点探讨的话题。

基于图 5-8 可得：在同一年份中，随着社会阶层的提升，人们的健康状态均表现出先逐渐提高，后保持平稳的特征。从图 5-8 中所表现的结果来看，呈现出了随着社会阶层的提高，人们的健康状况先逐渐提升，后保持平稳的趋势特征。其中在从农民与非技术工人阶层到技术工人与服务行业阶层，技术工人与服务行业阶层到办事员阶层的变化时，人们的健康状况提升幅度较高；而从办事员阶层到初中级知识分子阶层，初中级知识分子阶层到高级知识分子阶层以及高级知识分子阶层到行政官员与企业管理者阶层变化时，人们的健康状况提升幅度不明显，表现出了较为一致的健康状况表达。这一现象也得到了社会流行病学领域和医学社会学领域数学者们的证明，他们普遍发现社会中上层群体更倾向于活的更健康、更长寿（Holzer et al.，1986；Dohrenwend et al.，1992；Kessler et al.，1995）。

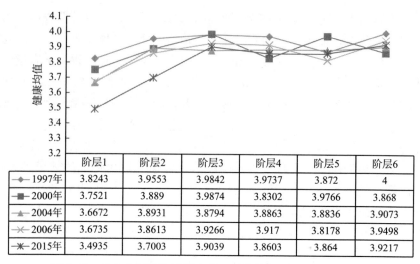

	阶层1	阶层2	阶层3	阶层4	阶层5	阶层6
◆ 1997年	3.8243	3.9553	3.9842	3.9737	3.872	4
■ 2000年	3.7521	3.889	3.9874	3.8302	3.9766	3.868
▲ 2004年	3.6672	3.8931	3.8794	3.8863	3.8836	3.9073
✕ 2006年	3.6735	3.8613	3.9266	3.917	3.8178	3.9498
✳ 2015年	3.4935	3.7003	3.9039	3.8603	3.864	3.9217

图 5 - 8   社会阶层视角下健康状况趋势特征（1997～2015 年）

注：阶层 1 是农民与非技术工人阶层；阶层 2 是技术工人与服务行业阶层；阶层 3 是办事员阶层；阶层 4 是初中级知识分子阶层；阶层 5 是高级知识分子阶层；阶层 6 是行政官员与企业管理者阶层。1997 年：n = 7290，19.6%；2000 年：n = 5647，19.6%；2004 年：n = 5117，17.8%；2006 年：n = 5305，18.4%；2015 年：n = 5438，18.9%。

由此看来，低健康回报总是与处于社会地位底层的群体更为紧密。究其原因，目前，社会流行病学与医学社会学的相关资料均显示，处于社会底层的群体由于社会环境、资源环境、工作环境以及医疗卫生的影响，他们将存在更多的健康风险，从而比高社会阶层群体具有更高的疾病发生与死亡率，最终使他们将表现出比中层与中上层群体具有更低的健康自我评价（Holzer et al.，1986；Kessler et al.，1995；Braveman，2006）。其中，林克和菲伦（Link & Phalen，2000）的研究认为：与健康相关的社会资源（包括体育资源）更易于被社会中上层人士获得，他们通常可以较为方便地利用这些社会资源来保证自己的健康状态（包括通过医疗治疗、社会参与、体育参与、社会服务来保证自身健康），因此，社会经济地位被视为"健康不平等的根本性因素"；罗勒和詹妮（Roller & Jenny，2010）的研究也指出，以职业为指标所评价的社会地位与一系列的健康和疾病后果高度相关（健康后果包括：健康行为和就医行为）。从以上现象以及本书的研究结果中我们可以进一步认识到人们健康的阶层不平等应该是一种社会现实，探讨这种阶层差异的显著性是否存在以及发展趋势也应是本书的重要内容。

5.2.3 社会阶层视角下的健康不平等

健康不平等是指不同社会经济地位的个体或群体之间具有系统性差异的健康水平（王甫勤，2012）。而社会学领域中关注的健康不平等其实就是社会哪些维度（比如：社会阶层）刻画了这种社会不公平现象。基于上一节的研究结果，发现无论是社会阶层视角下的"倒金字塔型"健康人口结构特征，还是其健康状况的趋势特征，均将矛头指向了"社会阶层视角下的健康不平等问题"。因此，本节将主要探讨社会阶层视角下健康不平等现象是否存在（是否存在显著性差异）与其发展趋势，从而验证假设 2（近 20 年间，社会阶层视角下人们的健康状态逐渐出现分化，并表现出健康状态的阶层差异）。基于此，本小节首先对不同年份中各社会阶层群体的健康状况进行了单因素方差分析，其结果见表 5－2。其次，笔者分别从社会阶层与社会等级两个方面绘制了健康不平等的变化示意图（1997～2015 年），见图 5－9和图 5－10。

从表 5－2 可得：不同社会阶层群体的健康状况存在显著的差异（$p < 0.05$ 或 $p < 0.01$ 或 $p < 0.001$），从而表现出社会阶层视角下存在明显的健康不平等现象。从表 5－2 中结果可知，在 1997 年，农民与非技术工人阶层和技术工人与服务行业阶层、办事员阶层、初中级知识分子阶层、行政官员与企业管理者阶层之间均存在显著性差异，且差异程度为 $p < 0.05$ 或 $p < 0.01$ 或 $p < 0.001$；在 2000 年，农民非技术工人和技术工人与服务行业阶层、办事员阶层、高级知识分子阶层之间也存在显著性差异，且差异程度为 $p < 0.01$ 或 $p < 0.001$；在 2004 年，农民与非技术工人阶层与其他各阶层之间均存在显著性差异，且差异程度为 $p < 0.05$ 或 $p < 0.001$；在 2006 年，农民与非技术工人阶层和其他各阶层之间均存在显著性差异，且差异程度为 $p < 0.05$ 或 $p < 0.001$，其他阶层之间的比较不存在显著性差异；在 2015 年，农民与非技术工人阶层和其他各阶层均存在显著性差异，技术工人与服务行业阶层与各阶层之间也存在显著性差异，且差异程度为 $p < 0.01$ 或 $p < 0.001$。以上存在显著性差异的群体均表现出社会阶层群体越低，其健康状况越低的特征。

表 5 – 2 　　　　　　　社会阶层视角下健康的方差分析结果

年份	社会阶层	N	健康均值	标准差	95% 平均置信区间	
					下限	上限
1997	农民非技术工人阶层	5048	3.8243	0.6805	3.8055	3.8431
	技术工人与服务行业阶层	1208	3.9553	0.6382	3.9193	3.9913
	办事员阶层	316	3.9842	0.6348	3.9139	4.0544
	初中级知识分子阶层	228	3.9737	0.6632	3.8871	4.0602
	高级知识分子阶层	164	3.8720	0.6568	3.7707	3.9732
	行政官员与企业管理者阶层	326	4.0000	0.6276	3.9316	4.0684
2000	农民非技术工人阶层	3856	3.7521	0.7577	3.7282	3.7760
	技术工人与服务行业阶层	919	3.8890	0.7084	3.8431	3.9349
	办事员阶层	239	3.9874	0.7586	3.8908	4.0841
	初中级知识分子阶层	212	3.8302	0.6153	3.7469	3.9135
	高级知识分子阶层	171	3.9766	0.7511	3.8632	4.0900
	行政官员与企业管理者阶层	250	3.8680	0.7075	3.7799	3.9561
2004	农民非技术工人阶层	3092	3.6672	0.7586	3.6405	3.6940
	技术工人与服务行业阶层	1066	3.8931	0.7276	3.8493	3.9368
	办事员阶层	257	3.8794	0.7161	3.7914	3.9673
	初中级知识分子阶层	211	3.8863	0.7013	3.7911	3.9814
	高级知识分子阶层	232	3.8836	0.7143	3.7912	3.9760
	行政官员与企业管理者阶层	259	3.9073	0.7092	3.8206	3.9941
2006	农民非技术工人阶层	3164	3.6735	0.7598	3.6470	3.7000
	技术工人与服务行业阶层	1182	3.8613	0.7241	3.8199	3.9026
	办事员阶层	286	3.9266	0.7045	3.8446	4.0086

续表

年份	社会阶层	N	健康均值	标准差	95%平均置信区间	
					下限	上限
2006	初中级知识分子阶层	229	3.9170	0.7237	3.8228	4.0113
	高级知识分子阶层	225	3.8178	0.7056	3.7251	3.9105
	行政官员与企业管理者阶层	219	3.9498	0.7118	3.8550	4.0446
2015	农民非技术工人阶层	2008	3.4935	0.7543	3.4605	3.5265
	技术工人与服务行业阶层	1732	3.7003	0.7538	3.6648	3.7356
	办事员阶层	583	3.9039	0.7560	3.8425	3.9654
	初中级知识分子阶层	408	3.8603	0.7534	3.7870	3.9336
	高级知识分子阶层	375	3.8640	0.7877	3.7840	3.9440
	行政官员与企业管理者阶层	332	3.9217	0.7748	3.8382	4.0052

本小节针对的是我国社会群体的健康阶层不平等现象，其实，这一结果也符合针对国外群体的研究结论，如：劳里和谢（Lowry & Xie, 2009）通过分析 2005 年的国际普查数据发现，不同社会阶层群体的健康状况存在严重的不平等性。其主要原因在前面的章节中也已有论述，如：社会阶层所占社会资源的不同（卫生资源、社会服务资源、健康资源等），导致不同群体的健康差异；工作环境的不同（农民、工人的恶劣环境；办事员、知识分子、经理、行政管理人员的良好办公环境等），导致不同群体的健康差异等。其中，在这里，还存在健康的社会行为的不同，如高社会阶层基于所占有的社会资源和工作时间，更有机会积极参加健康的社会行为，比如：体育锻炼等，这也必然造成不同社会阶层群体的健康不平等。综合来看，不同社会阶层下的健康不平等现象是我国乃至全球的普遍现象，但这种健康的阶层差异是随着时间的变化而扩大还是缩小则需要进一步分析。

基于图 5-9 和图 5-10 可得：在 1997~2015 年的社会阶层视角下人们的健康不平等现象表现出扩大趋势，也呈现了"马太效应"的发展特征。基于图 5-9，我们可以看出：在同等的社会等级下不同社会阶层群体的健康差异随着时间的流逝，其健康状况表现出逐渐缩小的发展趋势，如农民与非技术工人阶层和技术工人与服务行业阶层，办事员与初中级知识分子阶层，高级知识分子阶层和行政官员与企业管理者阶层等这些阶层之间的健康状况差距并无明显的扩大趋势，反而有所减小；但是，在不同社会等级下不同社会阶层群体的健康差异则随着时间的流逝，其健康状况表现出了逐渐扩大的发展趋势，如：知识分子阶层、行政官员与企业管理者阶层这些较高的社会阶层群体在和农民与非技术工人阶层、技术工人与服务行业阶层这些社会底层群体之间的健康差异程度表现出了明显扩大的发展趋势。以上结果也可以从图5－10中得到进一步佐证，即：社会中层、社会中上层与社会中下层群体的健康差异均随着时间的流逝表现出逐步扩大的发展趋势。且从数据资料来看，等级1与等级2在1997～2015年，健康状态的差异幅度提高1.28倍之多，等级1与等级3在1997～2015年，健康状态的差异幅度提高1.80倍之多，而等级2与等级3在1997～2015年，健康状态的差异幅度并无提高，反而降低0.77倍①。

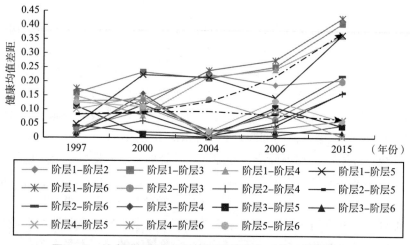

图5－9　社会阶层视角下健康不平等变化（基于社会阶层）

注：阶层1是农民与非技术工人阶层；阶层2是技术工人与服务行业阶层；阶层3是办事员阶层；阶层4是初中级知识分子阶层；阶层5是高级知识分子阶层；阶层6是行政官员与企业管理者阶层。1997年：n＝7290，19.6%；2000年：n＝5647，19.6%；2004年：n＝5117，17.8%；2006年：n＝5305，18.4%；2015年：n＝5438，18.9%。

———————————

① 提升幅度倍数与百分比来自制作图5－10的原始数据资料。

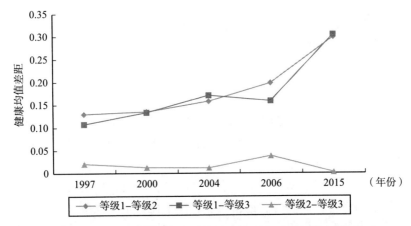

图 5-10 社会阶层视角下健康不平等变化（基于社会等级）

注：等级 1 为社会中下层，包括：农民与非技术工人阶层、技术工人与服务行业阶层；等级 2 为社会中层，包括：办事员阶层、初中级知识分子阶层；阶层 3 为社会中上层，包括：高级知识分子阶层、行政官员与企业管理者阶层。1997 年：n = 7290，19.6%；2000 年：n = 5647，19.6%；2004 年：n = 5117，17.8%；2006 年：n = 5305，18.4%；2015 年：n = 5438，18.9%。

由此可见，社会阶层下人们的健康不平等变化表现出了"马太效应"特征，该效应理论在默顿的《科学中的马太效应》中首次提出，并成为一种被系统发展起来的假说，得到了较多的验证。就健康而言，尽管健康状态随着年龄的变化逐渐降低（本书研究可得证，哈曼的研究也可以证明），但是，社会底层群体由于长时间暴露于健康风险性因素，又缺乏足够的社会资源和采取相应的行为来减缓这一现象，因此必然呈现更高的健康下降率。而社会优势群体则相反，他们会对自身健康维持着一种持久甚至逐渐增大的优势（O'Rand，1996；Willson et al.，2007），由此则表现出了健康的阶层差异逐渐扩大的发展趋势特征。

综上所述，本节主要验证了社会阶层群体之间的健康存在显著性差异这一现实，同时还发现，这种社会阶层下的健康不平等现象随着时间的流逝，表现出逐渐扩大的发展趋势（验证了假设 2），从而呈现了健康的"马太效应"特征。因此，社会阶层作为健康的最根本性影响因素，是否在控制其他变量时，还能够对健康具有这种影响，则是未来重要研究议题，这也将是本书在第 6 章中需要探讨的重要内容。

5.3 小结

本研究为了在后续研究中探讨人们生命历程中（年龄的增长）社会阶层、体育参与以及健康状况之间的深层关系，首先分析了社会阶层视角下人们的体育参与与健康特征与趋势，将其作为进一步分析它们之间深层关系的前期基础。因此，本章既分析了社会阶层视角下的体育参与人口和健康人口的结构特征，也分析了社会阶层视角下人们的体育参与与健康趋势特征，同时，还进一步验证了社会阶层视角下体育参与与健康不平等的存在现实和发展趋势。研究结果显示，社会阶层视角下的体育参与人口符合一种"橄榄型"结构特征，健康人口符合一种"倒金字塔型"结构特征；随着时间的流逝（1997～2015 年），各社会阶层的体育参与均表现出显著提升的发展趋势，而健康状况则表现出逐渐降低的发展特征；随着社会阶层的提高，人们的体育参与与健康状况则均表现出逐步提升的发展趋势，且前者更为符合一种"倒 U 型"趋势特征。

无论是从社会阶层视角下体育参与人口与健康人口的结构特征来看，还是从社会阶层视角下的体育参与与健康发展趋势来看，所得结果均将矛头指向了一个现象，即不同社会阶层的体育参与与健康不平等现象可能是一种社会现实。因此，本章通过对社会阶层视角下人们的体育参与与健康状况进行了单因素方差分析，从而得到了这种不平等现象的存在（具有统计学意义上的显著性），同时，通过构建社会阶层视角下体育参与与健康状态不平等的发展趋势示意图，验证了假设 1 和假设 2，从而研究认为：随着时间的流逝，社会阶层视角的体育参与与健康状况逐渐出现分化的发展趋势。

正是由于以上现象，不仅给本书的后续分析提供了前期基础，而且也指明了分析方向，即社会阶层既是"体育参与不平等的根本性原因"也是"健康不平等的根本性原因"。基于此，在第 6 章节中将主要分析在控制其他变量的基础上，社会阶层能否对体育参与与健康产生影响这一问题。

第 6 章
社会阶层的体育参与与健康效应

6.1 社会阶层的体育参与效应

在第 5 章中我们已经对社会阶层与体育参与的关系有所初步了解，但是在控制其他影响体育参与的变量时，社会阶层是否能够对体育参与产生影响还有待于进一步考证。基于此，本章对他们之间的关系进行了实证分析，社会阶层对体育参与影响的模型分析结果见表 6-1，其中，模型 1 为基础模型，包括：区域、户籍、性别、婚姻、年龄、教育以及收入等控制变量。在后面的嵌套模型中，逐步添加了社会阶层（形成模型 2），社会阶层与年龄的交互项（形成模型 3）。通过对这几个模型的比较，本章的主要目的是验证假设 3、假设 4 和假设 7，其中假设 3：随着社会阶层的提升，人们的体育参与逐渐提高；假设 4：随着年龄的增长，因社会阶层导致的体育参与不平等会逐渐增大（主要是依据"累积优势与劣势效应假说"而来）；假设 7：随着年龄的增长，因社会阶层导致的体育参与不平等会逐渐降低（主要是依据"年龄中和效应假说"而来）。

表 6-1　　　　　　社会阶层对体育参与影响的模型分析结果

变量	模型 1	模型 2	模型 3
固定效应			
截距项	-0.6487 *** (0.0272)	-0.5597 *** (0.0274)	-0.5654 *** (0.0267)

续表

变量	模型 1	模型 2	模型 3
区域			
西部地区[a]	-0.0381 *** (0.0112)	-0.0317 ** (0.0110)	-0.0343 ** (0.0107)
中部地区[a]	-0.0566 *** (0.0107)	-0.0497 *** (0.0105)	-0.0506 *** (0.0103)
东北地区[a]	-0.0690 *** (0.0125)	-0.0742 *** (0.0122)	-0.0791 *** (0.0120)
户籍[b]	0.0507 * (0.0082)	0.0068 (0.0186)	0.0086 (0.0084)
性别[c]	0.0066 (0.0079)	0.0011 (0.0078)	0.0059 (0.0077)
婚姻[d]	0.0224 * (0.0086)	0.0265 ** (0.0085)	0.0341 *** (0.0083)
年龄（对中）	0.0067 *** (0.0004)	0.0060 *** (0.0003)	0.0041 *** (0.0004)
教育	0.0121 *** (0.0006)	0.0086 *** (0.0006)	0.0085 *** (0.0006)
收入对数	0.0678 *** (0.0029)	0.0622 *** (0.0030)	0.0617 *** (0.0029)
社会阶层			
行政官员与企业管理阶层[e]		0.2315 *** (0.0158)	0.2495 *** (0.0154)
高级知识分子阶层[f]		0.2862 *** (0.0185)	0.3281 *** (0.0183)
初中级知识分子阶层[g]		0.2773 *** (0.0160)	0.3806 *** (0.0175)
办事员阶层[h]		0.1104 *** (0.0140)	0.1588 *** (0.0157)
技术工人与服务行业阶层[i]		0.0113 (0.0081)	0.0306 (0.0085)

续表

变量	模型 1	模型 2	模型 3
社会阶层			
行政官员与企业管理阶层[e] × 年龄			−0.0016 (0.0014)
高级知识分子阶层[f] × 年龄			0.0138 *** (0.0015)
初中级知识分子阶层[g] × 年龄			0.0168 *** (0.0013)
办事员阶层[h] × 年龄			0.0071 *** (0.0011)
技术工人与服务行业阶层[i] × 年龄			0.0036 *** (0.0006)
随机效应 – 方差构成			
第一层：个体间	0.1265 *** (0.0029)	0.1249 *** (0.0029)	0.1249 *** (0.0029)
第二层：截距	0.1949 *** (0.0051)	0.1826 *** (0.0049)	0.1826 *** (0.0049)
线性增长率	0.0058 *** (0.0002)	0.0054 *** (0.0002)	0.0054 *** (0.0002)
模型拟合度			
AIC	40740.169	40236.719	40236.719
BIC	40773.184	40269.734	40269.734

注：参照组：a 为东部地区；b 为农村；c 为女性；d 为未婚；e~i 为农民与非技术工人阶层。双尾检验：* 代表 $p < 0.05$，** 代表 $p < 0.01$，*** 代表 $p < 0.001$；括号内数字为标准误，n = 28797。

6.1.1 社会阶层与体育参与："倒 U 型"效应

从表 6 – 1 的模型 2 中我们可以看出，高社会阶层比低社会阶层具有更高的体育参与程度，如：在以农民与非技术工人阶层为对照组时（技术工人与服务人员阶层与之无差异），办事员阶层的体育参与程度比其高 0.11，初中级知识分子阶层的体育参与程度比其高 0.28，高级知识分子阶层的体育参与程度比其高 0.29，而行政官员与企业管理阶层的体育参与程度将比其高 0.23。同时，我们还可以发现：在加入社会阶层与年龄的交互项之后（见模型 3），社会阶层对体育参与的正向影响保持不变，从而说明社会阶层对体育参与的影响具有稳健性，即：社会阶层越高，体育参与程度越高。这一结论与国内、外相关学者的研究保持一致，如：早在 20 世纪 90 年代，塔克斯等（Taks et al.，1995）便以通过对 900 人的社会调查发现，社会职业、经济地位以及教育程度与体育参与高度相关，影响了人们的体育参与形成；美国威尔逊（Wilson，2002）在对社会阶层与体育参与之间关系的探讨中也发现，社会阶层越高，人们参与体育的比例就越大；后来，马尔滕和杰洛恩（Maarten & Jeroen，2004）通过调查 25 个欧盟成员国的社会调查数据发现，社会分层对人们的体育参与率能够产生重要影响；国内学者赵胜国等（2015）的研究也表明，社会阶层表现出与体育参与的关系呈正相关。

由此看来，无论是针对国内群体，还是针对国外群体，其随着社会阶层的提升，人们的体育参与程度逐渐提高是一种普遍现象。但是，更重要的是本章还发现了一个不太明显的事实，即：尽管体育参与程度随着社会阶层的提高而提升，但是这种提升效率表现出先升高后逐渐降低的发展趋势。其实，这在相关研究中已初见端倪，只是大部分学者没有作出进一步的数据分析从而无法将这一观点呈现。在赵胜国等（2019）的研究中指出，社会中层群体（该群体多是普通教师、办公室人员等）对体育参与的认知程度最高，该群体在生活中具有较规律的生活方式，并较为缺乏体育活动，从而存在身体健康危机。同时，该群体在当今社会中已逐渐超越温饱，因此，在资金有余与健康需求的双重背景下，体育参与成为了他们追求健康的一种社会活动之一。由此看来，社会中层在与社会底层进行比较时，将比社会上层与社会底层比较时的体育参与程度提高幅度更高，表现出随着社会阶层的提高，对体育参与的影响效率先升高再降低的变化。

为了明晰这一问题，本章进一步基于表 6－1 中的变量关系，绘制了图 6－1：社会阶层对体育参与提升率影响的变化。从图 6－1 中可知，随着社会阶层的提升，体育参与的提升率均在 0 以上，表明体育参与程度随社会阶层的提升而提高，但是体育参与的提升率随着社会阶层的提高表现出了先提升后降低的特点，从而使其在高社会阶层阶段表现出下降趋势，这说明人们体育参与程度的提升幅度在社会中下层到社会中层变化时，其体育参与程度提升幅度较高，而从社会中层到社会中上层群体变化时，人们的体育参与程度提高幅度将逐渐减小，从而使社会阶层对体育参与影响的关系呈现一种"倒 U 型"变化效应，即：随着社会阶层的提升，人们的体育参与程度也逐步提高，但是这种提高效率逐渐降低（验证假设 3）。

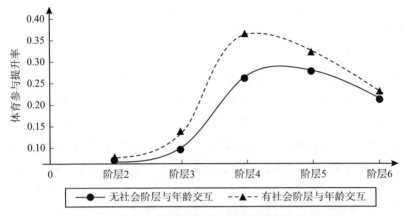

图 6 – 1　社会阶层对体育参与提升率影响的变化趋势

注：图中双曲线分别为：无社会阶层与年龄交互时的模型中社会阶层对体育参与的影响系数和有社会阶层与年龄交互时的模型中社会阶层对体育参与的影响系数；对照组：农民与非技术工人阶层；阶层 2 是技术工人与服务行业阶层；阶层 3 是办事员阶层；阶层 4 是初中级知识分子阶层；阶层 5 是高级知识分子阶层；阶层 6 是行政官员与企业管理者阶层；本图是在控制区域、教育、收入、年龄、性别、户籍以及婚姻等变量的情况下通过社会阶层与体育参与之间的系数绘制而成。

6.1.2　体育参与的阶层差异："累积优势"效应

本节将重点分析在控制其他相关变量的基础上，来验证随着年龄的增长，因社会阶层导致的体育参与不平等究竟是逐渐扩大还是缩小（尽管在第 4 章中对其有所涉及，但是第 4 章描述的只是一种存在现象，并未在控制相关变量的基础上来探讨各变量之间的深层关系，从而使其缺乏了一种统计学意义，而本章将在第 4 章的基础上，来进一步验证这一真实关系，从而来验证所提出的研究假设。从"累积优势与劣势效应假说"来看，随着年龄的提升，这种因社会阶层所导致的体育参与不平等可能将逐渐扩大，从而表现出"累积优势效应"；而基于"年龄中和效应假说"来看，则随着年龄的提升，这种因社会阶层所导致的体育参与不平等可能将逐渐减小，进而反映"年龄中和效应"。也正因之前有如此两种不同理论假设，那么本节将重点验证的假设便是：假设4：随着年龄的增长，因社会阶层导致的体育参与不平等会逐渐增大；假设7：随着年龄的增长，因社会阶层导致的体育参与不平等会逐渐降低。

基于此，本节在表6-1中模型2的基础上进一步添加了"社会阶层×年龄"的交互项，从而得到了模型3。首先，在控制相关变量的基础上来分析社会阶层、年龄以及社会阶层×年龄变量对人们健康水平的影响。从中发现，社会阶层、年龄以及社会阶层×年龄变量均对人们的体育参与具有积极的正向影响，即：社会阶层越高，人们的体育参与程度越高；年龄越大，人们的体育参与程度越高，当然针对社会阶层与年龄对人们的体育参与影响是从整体角度来考虑的，其更为细致的属性划分可能存在差异，比如：对于社会阶层来说，技术工人与服务行业阶层群体比农民与非技术工人阶层的体育参与程度并没有显著提高（p > 0.05）；从年龄来说的话，可能表现出体育参与程度先下降后提升的发展态势。其次，来看"社会阶层×年龄"的交互项对人们体育参与的影响，从结果中发现，只有政府官员与企业管理者阶层在和社会底层比较中不具有显著性影响（p > 0.05），其他阶层与社会底层比较均表现出了显著性效应（p < 0.05）。由此可见，人们的年龄可能将促进社会阶层对体育参与的影响效果。

为了进一步明确这一关系以及验证假设4和假设7哪个更为符合实际，笔者制作了"社会阶层×年龄"对体育参与影响的交互效应示意图（见图6-2和图6-3）。本节分别选取两对群体比较作为例图来阐释社会阶层与年龄的交互如何影响了人们的体育参与程度，从而来认识"因社会阶层所导致的体育参与差异随着年龄的变化是如何变化的？"这一问题。图6-2是技术工人与服务行业阶层和农民与非技术工人阶层的比较；图6-3是初中级知识分子阶层和农民与非技术工人阶层的比较。对比图6-2和图6-3，可以发现如下特征：其一，均表现出了社会阶层较高时，年龄对体育参与的正向影响更大，而社会阶层较低时，年龄则对其影响较小。其二，均表现出随着年龄的提升，两条直线的夹角变大，即：两个社会阶层的体育参与程度差距在扩大，表现出随着年龄的增长，因社会阶层导致的体育参与不平等逐渐加剧，这一结果验证了假设4，从而支持了"累积优势效应"，而推翻了假设7，否定了"年龄中和效应"。其实这一结果在以往研究中已初见端倪，在劳里和谢（2019）对老年群体的研究中，也支持了累积劣势理论。

综上所述，本节的研究结果表现出随着年龄的增长，因社会阶层导致的体育参与不平等会逐渐扩大，即：随着社会阶层的提高，体育参与程度也将提高，从而形成了高、低社会阶层的体育参与不平等现象，而这一现象在人们年龄的增长过程中，由于社会中上层群体比社会底层群体更容易积累社会资源，从而形成体育参与行为，使其与社会底层群体的体育参与行为更加拉开差距，最终加剧了这种体育参与不平等现象。由此可见，本节的研究结果支持了"优势累积与劣势效应假说"，并验证了假设 4；不支持"年龄中和效应假设"，从而推翻了假设 7。

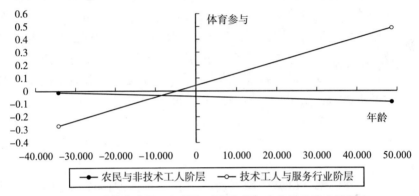

图 6 – 2　"社会阶层 × 年龄"对体育参与变化影响的交互效应

注：参照组：农民与非技术工人阶层；为了便于呈现关系比较，交互效应在制作过程中的常数项均设置为 0。

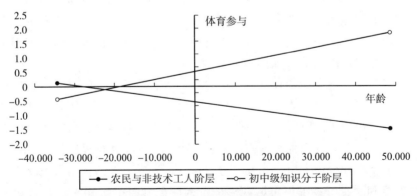

图 6 – 3　"社会阶层 × 年龄"对体育参与变化影响的交互效应

注：参照组：农民与非技术工人阶层；为了便于呈现关系比较，交互效应在制作过程中的常数项均设置为 0；年龄为中心化数值，其均值 = 0，因此年龄出现负值。

6.1.3 群体特征与体育参与："优势特征"效应

表6-1还显示，地区、婚姻、教育、收入等变量均表现出了对体育参与具有积极的正向影响，表现出了优势群体对体育参与的稳定性效应，这进一步验证了以往研究的研究结果。张文宏（2005）、彭大松（2012）的研究发现，体育锻炼行为存在年龄、性别、户籍以及婚姻状况等方面的分层现象，且研究指出，相对优势群体的体育参与频率高于相对劣势的群体。其中，就地区而言，经济发达地区的居民比经济欠发达地区的居民更容易提高体育参与程度，比如：东部地区居民比西部地区居民的体育参与程度高0.0343，且具有显著性（p<0.01），主要原因在于经济发达地区能够提供更为全面的体育资源，其中公共服务中的公共体育资源也较为丰富，能够在一定程度上满足社会底层群体的需求，因此，经济发达地区的居民体育参与程度将更高。就婚姻而言，本章研究结果显示，结婚比未婚群体的体育参与程度高0.0341，且具有显著性（p<0.001）。究其原因，婚后夫妻会相互督促一起参与体育活动，如散步、跑步、广场舞等，从而表现出结婚能够提高人们的体育参与程度。

其实，在大部分研究中均表现出了教育对人们体育参与的积极影响，本章研究也显示，受教育程度越高的群体，越容易提高体育参与程度，教育程度每高1年，体育参与程度提高0.0085。皮佩尔诺和费迪南多（Piperno & Ferdinando，1990）针对意大利群体的调查研究表明，尽管意大利以健康为目的而参加体育锻炼的人群较西方发达国家少，但是，研究报道了缺乏良好教育的人群更不太可能参加体育锻炼，表现出较低社会阶层的人群参加体育锻炼少。史密斯等（Smith et al.，2009）通过对加拿大的全国调查发现，体育参与有着教育程度的差异，其中受教育水平更高的群体体现出更高程度的体育参与。教育之所以对体育行为具有积极的正向解释力，主要是因为教育其实对体育参与的影响是多向度的，从个人的教育资本累积来看，由于个人受教育程度越多，它将会逐渐跻身社会中上层，占据更多的社会资源（包括体育资源），从而更有利于自身参与体育运动；从个人的教育自身历程来看，教育程度越高，人们越容易提高对体育改善生命健康、提高生活质量的认识，从而由自身认知产生行为表达，提高体育参与行为（这正是在体育行为需要理论中所指出的人们从"需要"转变为"优势需要",从而形成了体育参与行为的诠释)。从个人的教育环境来看,由于个人受到学校环境的体育氛围越多、越长久,便越能够影响他形成终身体育,只有自身体会到体育带来的健康与乐趣,才能逐步养成体育参与的终身习惯。

就收入而言,本节研究显示,人们的收入越高,越容易参加体育运动,且收入每提高1万元,体育参与程度将提升0.0617。这一点也得到了西方学者的证实(Collins & Kay,2003)。人们只有在基本生活得到满足的情况下,才能主动地去提高自身的体育参与情况,特别是在我国目前公共体育服务不足,许多体育场馆收费过高的现实情况下,人们参与体育运动,就更需要一定的自身经济水平作为支撑,由此,表现出收入对其的重要影响就不足为奇了。在年龄方面,在前面的小节中已有所论述,其结果显示,随着年龄的增长,人们的体育参与程度逐渐提高,这一结果与翟华楠(2013)的实证研究结果相似,他的研究也指出,年龄越小,体育人口占比越少,而年龄越大,体育人口占比越高。当然,也有研究认为年龄与体育参与之间还存在一种"U型"关系。其实,大部分研究之所以得到年龄与体育参与之间的这种"U型"关系,主要是由于没有剔除学生样本,由于学校将体育课程作为必修课,那么学生群体在学校中必然会上体育课,这就给年龄与人们进行体育参与的关系性探讨造成了很大偏误,而本书在剔除学生样本的基础上,证实了随着年龄的增长,人们的体育参与程度逐渐提高的这种关系。

本章的研究发现,在性别方面没有表现出对体育参与的显著性影响,这一点与21世纪以前的研究相悖,而与21世纪以后的研究一致。在20世纪晚期,塔利(Tally,1999)的研究发现,性别能够对体育参与产生影响,且表现出男性比女性具有更高的体育参与程度;而亚伦(Aaron,2012)的研究发现,性别群体并未表现出显著的体育参与差异。究其原因,主要是随着社会的发展,男尊女卑的观点逐渐被抛弃,女性的社会地位逐步提高,且由于我国"全民健身"政策的推崇,无论是男性群体,还是女性群体均表现出了对体育健身的极大诉求,并投入体育活动中,从而表现出在男、女之间并无体育参与的显著性差别。

6.2 社会阶层的自评健康效应

从第 5 章中我们已经对社会阶层与健康的关系有了初步了解，但是在控制其他影响健康的变量时，社会阶层是否能够对人们的健康状态仍然产生影响还有待于进一步考证。基于此，本节对他们之间的关系进行了实证，社会阶层对人们健康影响的模型分析结果见表 6 - 2，其中，模型 1 为基础模型，变量主要包括：区域、户籍、性别、婚姻、年龄、教育以及收入等控制变量。在后面的嵌套模型中，逐步添加了社会阶层（形成模型 2），社会阶层与年龄的交互项（形成模型 3）。通过对几个模型的比较，本节主要验证假设 5、假设 6 和假设 8，其中假设 5 为：随着社会阶层的提升，人们的健康状态逐渐提升；假设 6 为：随着年龄的增长，因社会阶层导致的健康状况不平等会逐渐增大（主要是依据"累积优势与劣势效应假说"而来）；假设 8 为：随着年龄的增长，因社会阶层导致的健康状况不平等会逐渐降低（主要是依据"年龄中和效应假设"而来）。

表 6 - 2　　　　　社会阶层对自评健康影响的模型分析结果

变量	模型 1	模型 2	模型 3
固定效应			
截距项	3. 9117 *** （0. 0411）	3. 9327 *** （0. 0413）	3. 9372 *** （0. 0413）
区域			
西部地区[a]	- 0. 3427 *** （0. 0129）	- 0. 3407 *** （0. 0129）	- 0. 3413 *** （0. 0129）
中部地区[a]	- 0. 2003 *** （0. 0123）	- 0. 1986 *** （0. 0123）	- 0. 1988 *** （0. 0123）
东北地区[a]	- 0. 0658 *** （0. 0143）	- 0. 0661 *** （0. 0143）	- 0. 0678 *** （0. 0143）
户籍[b]	0. 3186 ** （0. 0106）	0. 0046 （0. 0118）	0. 0046 （0. 0118）

续表

变量	模型1	模型2	模型3
区域			
性别[c]	0.1066 *** (0.0093)	0.1053 *** (0.0093)	0.1039 *** (0.0093)
婚姻[d]	0.0157 (0.0124)	0.0146 (0.0124)	0.0137 (0.0125)
年龄（对中）	− 0.0147 *** (0.0004)	− 0.0147 *** (0.0004)	− 0.0158 *** (0.0005)
教育	0.0009 (0.0007)	− 0.0004 (0.0007)	− 0.0007 (0.0007)
收入对数	0.0100 * (0.0043)	0.0056 (0.0044)	0.0055 (0.0044)
社会阶层			
行政官员与企业管理阶层[e]		0.1405 *** (0.0222)	0.1327 *** (0.0224)
高级知识分子阶层[f]		0.0905 *** (0.0249)	0.0881 *** (0.0250)
初中级知识分子阶层[g]		0.0744 ** (0.0229)	0.0899 ** (0.0240)
办事员阶层[h]		0.0595 ** (0.0206)	0.0699 ** (0.0221)
技术工人与服务行业阶层[i]		0.0338 ** (0.0122)	0.0352 ** (0.0125)
行政官员与企业管理阶层[e] × 年龄			0.0081 *** (0.0020)
高级知识分子阶层[f] × 年龄			0.0078 *** (0.0021)
初中级知识分子阶层[g] × 年龄			0.0039 * (0.0019)
办事员阶层[h] × 年龄			0.0023 (0.0016)
技术工人与服务行业阶层[i] × 年龄			0.0007 (0.0009)

变量	模型 1	模型 2	模型 3
随机效应－方差构成			
第一层：个体内	0.4187 *** (0.0047)	0.4188 *** (0.0046)	0.4183 *** (0.0046)
第二层：截距	0.0616 *** (0.0041)	0.0610 *** (0.0038)	0.0612 *** (0.0038)
线性增长率	0.0014 *** (0.0001)	0.0014 *** (0.0001)	0.0014 *** (0.0001)
模型拟合度			
AIC	59930.959	59915.055	59938.442
BIC	59963.974	59948.070	59971.456

注：参照组：a 为东部地区；b 为农村；c 为女性；d 为未婚；e~i 为农民与非技术工人阶层。双尾检验：* 代表 $p < 0.05$，** 代表 $p < 0.01$，*** 代表 $p < 0.001$；括号内数字为标准误，n = 28797。

6.2.1 社会阶层与健康："线性"效应

从表 6-2 的模型 2 与模型 1 的对比中可以发现，在基本模型基础上，加入社会阶层之后，发现社会阶层能够显著地影响人们的健康水平，表现出社会阶层越高，人们的健康水平也将越高。如在以农民与非技术工人阶层为对照组时，技术工人和服务行业阶层群体的健康水平比其高 0.04，办事员阶层群体的健康水平比其高 0.07，初中级知识分子阶层群体的健康水平比其高 0.09，高级知识分子阶层群体的健康水平比其高 0.09，政府官员和企业管理阶层群体的健康水平比其高 0.13。这一结果，进一步验证了国内外学者以往研究的结论，其中，国外学者史密斯和戈德曼（Smith & Goldman，2007）通过对拉丁美洲 7 个城市的比较研究表明，几乎在所有的城市中，社会阶层越高，自评健康状态就越好；丹尼尔等（Daniel et al.，2016）在针对西班牙全国健康调查的研究中，发现社会阶层与自评健康结果之间存在显著的正相关；蔡等（Cai et al.，2017）的研究也进一步证实了社会阶层与自评健康状况之间的显著正向关系。国内学者焦开山（2014）的研究认为，在中老年群体中，社会经济地位较高者，将具有更少的抑郁症和更优的身体功能，从而表现出更高的自评健康状态。由此来看，无论是从国外学者的研究结果来看，还是从国内学者的研究来看，再或者从本书的研究结果来看，均证明了随着社会阶层的提高，人们的健康水平也将逐渐提高。

同时，本章为了进一步分析社会阶层对人们健康状况的影响效率变化如何，基于表 6-2，绘制了图 6-4：社会阶层对健康影响的变化效率示意图。从图 6-4 中我们可以看到，社会阶层越高，健康水平的提高效率越大，且表现出社会阶层与健康状况的提升效率呈现一种"线性"关系。这一结果在以往研究中也初具形态，如：郑（Zheng，2013）利用 15 年的 PSID 数据发现：职业对男性的健康回报高于女性，且随着年龄的增加，这种健康回报更大，从而表现出"线性"关系；李婷和张闫龙（2014）通过分析"中国老年人口健康状况调查（CLHLS）"，发现城市老年人与农村老年人的自评健康差距随年龄的增长而线性提升。

由此来看，随着社会阶层的提高，人们的健康状况也将逐渐提升，且社会阶层对人们健康的影响较为符合一种"线性"关系效应，从而该结果验证了假设 5。

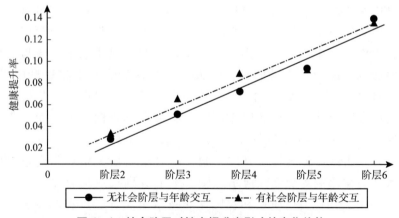

图 6-4 社会阶层对健康提升率影响的变化趋势

注：对照组：农民与非技术工人阶层；阶层 2 是技术工人与服务行业阶层；阶层 3 是办事员阶层；阶层 4 是初中级知识分子阶层；阶层 5 是高级知识分子阶层；阶层 6 是行政官员与企业管理者阶层。本图是在控制区域、教育、收入、年龄、性别、户籍以及婚姻等变量的情况下通过社会阶层与健康之间的系数绘制而成。

6.2.2 健康的阶层差异："累积优势"效应

目前，"随着年龄的增长，因社会阶层所导致的健康不平等是扩大还是缩小？"这一问题学界没有得到一致性观点（郑莉和曾旭晖，2016）。且现今学者们存在对两种假说的争论，从"累积优势与劣势效应假说"来看，随着年龄的提升，这种健康的阶层差异状态应逐渐扩大，表现出优势的累积效应；而根据"年龄中和效应假说"来看，随着年龄的提升，人们的这种阶层优势差异将逐渐减小，从而表现出健康的阶层差异也将逐渐减小，进而反映了年龄的中和效应。从这两个假说出发，本书提出了两个方向的假设，其中包括：假设6为随着年龄的增长，因社会阶层导致的健康状况不平等会逐渐增大；假设8为随着年龄的增长，因社会阶层导致的健康状况不平等会逐渐降低。本节将重点验证以上两个假设哪个更为符合实际。

基于此，我们在模型2的基础上进一步添加了"社会阶层×年龄"的交互项，从而得到了模型3。首先，控制其他人口统计学特征变量的基础上，查看模型3中的社会阶层变量、年龄变量以及社会阶层×年龄变量对人们健康水平的影响。从结果中可以发现，社会阶层对健康水平仍然具有积极的正向影响，即随着社会阶层的提高，人们的健康水平也将逐渐提升；而年龄对健康水平具有显著的负向影响，即随着年龄的提高，人们的自评健康水平将逐渐降低；从"社会阶层×年龄"的交互效应来看，只有"知识分子阶层"以上的社会阶层在与社会底层比较中具有显著的正向影响，而办事员阶层、技术工人与服务行业阶层在与农民与非技术工人阶层比较时，并未表现出显著性。其次，制作"社会阶层×年龄"变量对健康水平变化影响的交互效应示意图。本节分别选取具有显著性的群体（初中级知识分子阶层和农民与非技术工人阶层）和非显著的群体（技术工人与服务行业阶层和农民与非技术工人阶层）以展示社会阶层与年龄如何影响了人们的健康水平，分析社会阶层所导致的健康不平等如何随年龄的变化而发生变化，其分析结果见图6-5和图6-6。

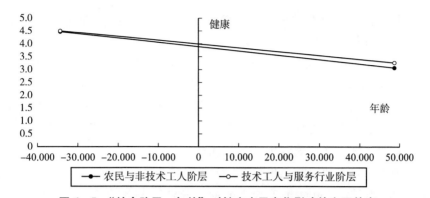

图 6 – 5 "社会阶层×年龄"对健康水平变化影响的交互效应

注：参照组：农民与非技术工人阶层；年龄为中心化数值，其均值 =0，因此年龄出现负值。

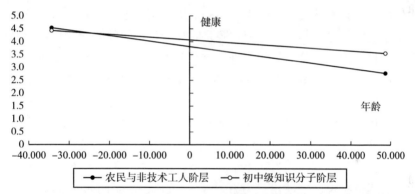

图 6 – 6 "社会阶层×年龄"对健康水平变化影响的交互效应

注：参照组：农民与非技术工人阶层；年龄为中心化数值，其均值 =0，因此年龄出现负值。

　　最后，从图 6 – 5 和图 6 – 6 的对比来看，可以发现如下特征：其一，均表现出了社会阶层更低时，年龄对健康水平的负向影响更高，而社会阶层更高时，年龄则对健康水平的负向影响更低。其二，图 6 – 5 为社会阶层与年龄的交互对健康的影响不具有显著性的群体差异，从图 6 – 5 中也可以看出，随着年龄的提升，人们健康的阶层差异其实并无太大变化。其三，从图 6 – 6 中可以看出，社会阶层与年龄的交互对健康的影响具有显著性的群体差异，表现出随着年龄的提升，人们健康的阶层差异逐渐扩大。从以上三个特征中我们可以总结出如下观点：人们健康的阶层差异存在"累积优势"效应。这一观点也进一步验证了以往学者的研究结论。奥兰德（1996），威尔逊等（2007）的研究也发现，社会优势群体通常情况下会维持一种持久的优势，随着时间的流逝，这种优势会呈现出长期的累积效应，从而使优势进一步扩大，但本节研究显示这种效应主要存在于知识分子以上阶层与社会底层的比较中；劳里和谢（2009）以及焦开山（2014）的研究也认为，对于中老年人群体而言，也支持了累积劣势理论；郑（2013）利用15年的PSID数据发现：职业对男性的健康回报高于女性，且随着年龄的增加，这种健康回报更大，从而表现出"累积优势"关系。

其实，这一研究结论也与部分学者的观点存在出入，如：与克里斯滕松和约翰逊（Christenson & Johnson，1995）的研究不同，他们认为健康的阶层差异随着年龄的增长无太大变化。究其原因有二，其一：由于他们运用的是横断面数据，并不能从个人的生命发展历程来分析这一变化特征，只能从同一时间点的不同群体来探讨这一问题，这必然对研究结果造成偏差。其二：他们主要是对社会阶层的整体情况探讨，而没有分别将不同社会阶层与年龄进行交互分析，从而很可能使整体效果掩盖了局部观点。而本书在采用CHNS追踪数据的同时，还在社会阶层的健康效应中对不同社会阶层之间的比较分别与年龄进行了交互分析，这在很大程度上弥补了以往研究的缺陷，从而得到更为客观的、符合现实的研究结论。

综合来看，本书认为随着年龄的增长，因社会阶层所导致的健康不平等会逐渐扩大，表现出"累积优势"效应，即：随着社会阶层的提高，人们的健康状况也将逐渐提升，从而形成了社会阶层之间的健康不平等现象，而这一现象在人们随年龄的增长过程中，由于社会中上层群体比社会底层群体更容易获得社会资源（体育资源、医疗资源、服务资源、教育资源以及财富资源等），且随着年龄的增长，社会中上层群体积累了这些社会资源，从而使他们能够获得更高的健康回报，从而使社会阶层导致的健康不平等更加严重，支持了"累积优势"效应，这一结果验证了假设6，推翻了假设8。

6.2.3　群体特征与健康："优势特征"效应

从人口统计学特征变量的角度来看，表6-1主要得到了地区、性别以及年龄等变量对人们健康的积极影响，且均表现了优势群体具有更高的健康回报。结果表明，经济发达的地区居民群体比经济不发达地区的居民群体具有更高的健康水平，比如：东部地区居民群体比中部地区居民群体的健康水平高 0.1988，且具有显著性（p < 0.001），比西部地区居民群体的健康水平高 0.3413，且具有显著性（p < 0.001），由此来看，在分析健康的社会学相关影响因素时，地区是一个重要影响变量。同时，研究还发现，性别对健康具有积极的正向影响，结果显示男性群体比女性群体表达了更高的自评健康水平（β = 0.1039，p < 0.001）。这一点进一步验证了国内外相关学者的学术观点，尽管女性的平均寿命高于男性，但是她们的自评健康状况通常会比男性差，其表现在外在特征的"健康寿命"通常会低于男性（健康寿命：人体健康状况和对外界的适应能力），这也被称为健康的"性别悖论"[1]。

这一现象的解释是疾病在两性的分布差异，无论男性还是女性，他们针对相同疾病问题时，其感受是相同的，但男性所患病情更多的是致命性疾病（男性在老年以前出现病情的情况很少，只是进入老年后出现致病性疾病的概率直线提高），而女性则相反。因此，随着年龄的提升，男女之间的健康状况会逐渐减小，当达到老年时，男性便开始出现一系列的致命性健康问题（重症疾病集中分布于老年男性），如：癌症、中风、心肌梗塞等。而针对于女性，可能所面临的健康问题是一些慢性病，但是这种慢性病在极大程度上影响了她们的生活质量（Ross & Chloe，1994），从而使她们的健康平均寿命明显短于男性（在老年以前便早已具有这些慢性病的困扰），表现出比男性低的自评健康状态。也正是基于这样的原因，女性尽管比男性寿命长，但是一直以来受到这些慢性病的困扰，严重影响了其的生活质量（Crimmins et al.，2002），带来了较低的健康自我评价。这一点也得到了学者们的证实，在一项对乌克兰的调查研究中发现，男性比女性表现出了更高的健康水平，女性自感健康水平差或非常差的占比达到 43%，而男性仅有 25%（Gilmore et al.，2002）。

当然，年龄是影响人们健康的重要因素，这一点在前面章节中已有论述，从既有研究资料来看，学者们也均认可了这一观点，如在针对意大利（Bertozzi et al.，2005）与塞尔维亚（Aleksandra et al.，2011）的研究中，其研究结果均得到年龄的提高是影响人们自感健康状态下降的

---

① 郑莉，曾旭晖. 社会分层与健康不平等的性别差异——基于生命历程的纵向分析［J］. 社会，2016，36（6）：209-236.

重要因素。尽管本节研究所得到的部分人口统计学特征对健康并未表现出显著性影响，比如：教育水平、收入水平以及户口等，但是这些因素在不同的学者观点中都是存在争议的话题，如：吴等（Wu et al.，2004）的研究认为：教育程度越高，人们的慢性病发病率将较低，从而具有较好的自评健康状态；而王甫勤（2011）的研究则指出，教育的健康回报仅仅体现在是否完成了小学教育，而初中及以上学历的人群中并未体现出教育的健康效应优势。其实，类似的研究已经证明，包括中国在内的东亚、东南亚环境中，教育、收入等因素导致健康变化程度远不如西方国家明显（李婷和张闫龙，2014；Xie & Mo，2014）。当然，从我国的传统文化中进行考察，可能这一论调就不稀奇了，比如，我们语言中的"文弱书生""健壮的村妇"以及"弱不禁风的林妹妹"等。以上也就解释了为什么针对中国社会群体而言，教育其实并未显著提高人们的健康状态这一问题。

其实，在许多研究中收入表现出了对健康具有积极的正向影响，这一点从本节模型 1 中也可以得证，但是，由于在后续的模型中逐渐添加了社会阶层变量，从而社会阶层将对健康的影响效应逐渐掩盖收入对其的影响，毕竟社会阶层不仅代表了人们的经济资本，同时它还代表了组织资本以及社会资本等，社会地位高的群体具有更好的条件来实施良好行为（如体育锻炼），从而提高自身的健康状态。在 2005 年的国际普查数据中发现，因收入导致的健康不平等其实在高龄老人人群中无显著性差异（Lowry & Xie，2009）。基于以上分析，本节重点发现为无论是区域环境，还是性别对人们自评健康的影响，都是由于自身所属的优势群体属性所致，即：在高经济发展水平地区生活的群体、占有更多社会资源的男性群体等，正是由于他们的"优势群体"身份，使他们得到更多的健康回报，从而表达了更高的健康状态。从这里我们可以认识到，群体特征对健康的影响存在"优势群体"效应。

6.3　小结

本章主要基于假设 3～假设 8，在分析与探讨的过程中，本章主要验证了假设 3、假设 4、假设 5 以及假设 6，推翻了假设 7 和假设 8。研究结果表明，在控制其他变量的基础上，社会阶层对人们的体育参与以及健康状况均具有积极的正向影响（假设 3、假设 5 得到验证），且对体育参与的影响呈现出一种"倒 U 型"关系效应，而对健康状况的影响则更为符合一种"线性"关系效应。当然，也正是由于社会阶层与体育参与、健康状况之间具有这样的关系，从而逐渐使不同社会阶层群体之间出现了体育参与与健康的不平等现象。进一步研究发现，随着人们年龄的增长，因社会阶层所导致的体育参与与健康不平等逐渐出现扩大趋势，从而均支持了"累积优势和劣势效应假说"（假设 4、假设 6 得到验证），推翻了"年龄中和效应假说"（推翻了假设 7 和假设 8）。

当然，这是基于社会阶层是人们"体育参与与健康不平等的根本性因素"这一理论分析而进行的实证研究，但是，基于本书提出的从综合视角出发，即："结构主义路径"（社会阶层）和"个体主义路径"（体育参与），去探讨它们之间的交互对健康的深层影响还有待于进一步分析与验证。因此，在第 7 章节中，将探讨人们在生命历程中（年龄的增长），社会阶层与体育参与的变化如何交互影响了人们的健康变化这一问题。

第 7 章
社会阶层视角下的自评健康效应

——基于体育参与历程的纵向分析

　　基于以上章节内容我们已经验证并了解了如下两个主要现象：（1）随着社会阶层的提升，人们的体育参与水平将逐渐提高，健康水平也将表现出逐渐升高的趋势；（2）体育参与与健康水平的阶层差异均随着年龄（生长历程）的提升而表现出加剧现象。那么，本章便基于以上的认识，来进一步分析人们的体育参与历程（体育参与×年龄）是如何在社会阶层与健康水平之间产生联系与作用的，也正基于此，本章将验证如下 3 个主要假设，假设 9：随着社会阶层的提高，人们的健康状态逐渐提升，体育参与可以强化这种作用效果；假设 10：随着年龄的增长，人们的健康状态逐渐下降，体育参与可以缓解这种作用效果；假设 11：体育参与在人们健康随着年龄的老去而逐渐下降过程中所起到的缓解作用存在阶层差异。

　　基于此，本章制作了表 7－1：社会阶层视角下体育参与历程对健康影响的成长模型分析结果（笔者在逐渐添加变量的同时，也逐步将对健康无显著影响的变量进行了剔除）。其中，模型 1 为基础模型，包括：区域、户籍、性别、婚姻、年龄、教育、收入、社会阶层以及体育参与等变量。在后面的嵌套模型中，逐步添加了"社会阶层×年龄"的交互项，形成了模型 2，添加了"社会阶层×体育参与"的交互项，形成了模型 3，添加了"体育参与×年龄"的交互项，形成了模型 4 以及添加了"社会阶层×体育参与×年龄"的交互项，形成了最终模型，即模型 5。本章节旨在通过对以上模型之内或之间的比较，来验证假设 9 ~ 假设 11。

表 7 - 1　社会阶层视角下体育参与历程对健康影响的成长模型分析结果

变量	模型 1	模型 2	模型 3	模型 4	模型 5
固定效应					
截距项	3.8435*** (0.0402)	3.8647*** (0.0107)	3.8674*** (0.0108)	3.8682*** (0.0107)	3.8679*** (0.0107)
区域					
西部地区[a]	-0.3397*** (0.0129)	-0.3419*** (0.0126)	-0.3426*** (0.0126)	-0.3429*** (0.0126)	-0.3427*** (0.0126)
中部地区[a]	-0.1976*** (0.0123)	-0.2002*** (0.0120)	-0.2010*** (0.0120)	-0.2015*** (0.0120)	-0.2013*** (0.0120)
东北地区[a]	-0.0655*** (0.0143)	-0.0681*** (0.0140)	-0.0684*** (0.0140)	-0.0693*** (0.0140)	-0.0695*** (0.0140)
户籍[b]	0.0056 (0.0112)				
性别[c]	0.1068*** (0.0093)	0.0998*** (0.0089)	0.1000*** (0.0090)	0.1001*** (0.0090)	0.0997*** (0.0090)
婚姻[d]	0.0155 (0.0124)				
年龄（对中）	-0.0152*** (0.0004)	-0.0157*** (0.0004)	-0.0157*** (0.0004)	-0.0157*** (0.0004)	-0.0159*** (0.0004)
教育	0.0009 (0.0007)				
收入对数	0.0019 (0.0044)				
社会阶层	0.0224*** (0.0039)	0.0218*** (0.0032)	0.0205*** (0.0033)	0.0207*** (0.0033)	0.0208*** (0.0033)
体育参与	0.0553*** (0.0082)	0.0520*** (0.0080)	0.0184 (0.0178)		
社会阶层×年龄		0.0014*** (0.0003)	0.0014*** (0.0003)	0.0012*** (0.0003)	0.0013*** (0.0003)
社会阶层×体育参与			0.0106* (0.0050)	0.0145*** (0.0023)	0.0149*** (0.0023)
体育参与×年龄				0.0017* (0.0007)	0.0046* (0.0014)

续表

变量	模型 1	模型 2	模型 3	模型 4	模型 5
固定效应					
社会阶层 × 体育参与 × 年龄					−0.0010 * (0.0004)
随机效应 – 方差构成					
第一层：个体内	0.4179 *** (0.0046)	0.4087 *** (0.0044)	0.4083 *** (0.0044)	0.4078 *** (0.0044)	0.4086 *** (0.0044)
第二层：截距	0.0614 *** (0.0038)	0.0641 *** (0.0037)	0.0643 *** (0.0037)	0.0646 *** (0.0037)	0.0641 *** (0.0037)
线性增长率	0.0014 *** (0.0001)	0.0012 *** (0.0001)	0.0012 *** (0.0001)	0.0012 *** (0.0001)	0.0012 *** (0.0001)
模型拟合度					
AIC	59857.034	60616.142	60620.662	60622.931	60630.324
BIC	59890.049	60649.213	60653.733	60656.002	60665.395

注：参照组：a 为东部地区；b 为农村；c 为女性；d 为未婚。双尾检验：* 代表 $p < 0.05$，*** 代表 $p < 0.001$；括号内数字为标准误，n = 28797。

7.1 体育参与在健康随社会阶层变化而提升过程中的强化作用

从表 7 – 1 中的模型 2 中可以认识到，社会阶层（β = 0.0218，p < 0.001），体育参与（β = 0.0520，p < 0.001），均对人们的健康水平具有积极的正向影响，但是，当在模型 3 中添加"社会阶层 × 体育参与"的交互项后，其体育参与对健康的影响变得不显著（β = 0.0184，p > 0.05），而"社会阶层 × 体育参与"的交互项则表现出了对健康水平的显著正向效应，从而表明体育参与在人们的社会阶层与健康之间起到了纯调节变量作用①（Sharma et al.，1981；Baron & Kenny，1986），即：社会阶层在正向影响人们的健康水平的同时，体育参与将有助于这种影

---

① 判断纯调节效应：首先，分析调节变量与自变量的交互项是否与因变量显著；其次，分析调节变量与因变量相关与否；最后，如果判定前面为是，后面为否，那么该变量为纯调节变量。

响效果的放大，表现出如果高、低社会阶层均积极参与体育运动，那么高社会阶层的健康效应将比低社会阶层的健康效应上升得更快。

本章为了进一步明确体育参与在健康随社会阶层变化而提升过程中具有何种作用，绘制了图7－1：体育参与在社会阶层与健康之间的作用效应示意图。从图7－1中我们可以清楚得到如下特征：（1）随着社会阶层的提高，人们的健康水平也逐渐提升，这一点验证了前面的结论。（2）高体育参与的社会阶层群体比低体育参与的社会阶层群体所表达的健康水平更高，这一点从每个社会阶层的对比中可以得证，比如：当X轴上社会阶层为2时所对应的Y轴上的两个健康状态表达的对比可以得到高体育参与群体具有较高的健康表达。（3）随着社会阶层的提高，高体育参与群体的健康提升效率比低体育参与群体的健康提升效率高，从而表现出社会阶层视角下的两种体育参与程度（高—低体育参与）的健康水平差距逐渐扩大。

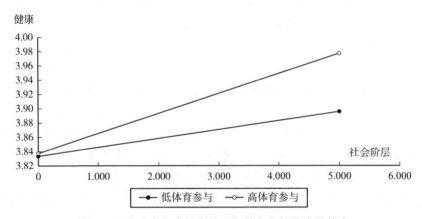

图7－1 体育参与在社会阶层与健康之间的作用效应

注：基于全模型绘制，高低体育参与为±1SD。

究其原因，首先，体育参与有助于人们身体健康水平的提升已是不争的事实；其次，它还能够通过社会—心理机制来进一步影响人们的健康。既有研究资料已显示，社会因素方面的社会认同（陈永涌，2015）、社会网络（梁玉成和鞠牛，2019）、社会资本（曾智，2019）以及心理方面的自我知觉、情绪调节、缓解焦虑（Fox，2006）等均能够显著影响人们的健康水平。而体育参与则能够在一定程度上提高这些社会因素和心理因素，如：在大众体育与社会网络和社会支持关系的研究中得到，参加大众体育能够有助于人们的社会网络改善和社会支持提高（Lee Hong - Goo，2001）；于永慧和林勇虎（2003）的研究指出：体育参与能够通过参加体育社团，提高与其他人的接触与交流，进而获得精神慰藉和社会支持网络；福克斯（Fox，2006）的研究也证明，体育运动是有效治理人们抑郁与焦虑的临床方法，它能够通过改善自我知觉、调节情绪以及缓解抑郁和焦虑来促进心理健康；满江虹（2017）的研究也认为，居民的体育参与能够通过阶层认同的中介效应来正向影响自感健康。由此可见，这些影响人们健康的社会与心理因素，也能够受到体育参与的影响。最后，既然体育参与能够影响以上各种社会因素，包括社会资本，而其实社会阶层也是由于人们占有的社会资本与资源不同而影响了人们的健康状态，因此，体育参与能够有助于高社会阶层群体形成更高的社会资本来促进社会阶层影响人们健康的实际效果。综上分析，体育参与在健康随着社会阶层变化而提高的过程中，起到了进一步扩大了阶层之间的健康差异的作用。

从以上的现象中我们可以得到如下主要观点：在人们随着社会阶层的提高，其健康状态也逐渐提升的过程中，他们的体育参与历程在其中将进一步强化高社会阶层群体的健康表达，从而表现出体育参与历程能够强化社会阶层的健康效应作用，这一观点验证了假设9。该观点表现出如下现象：随着社会阶层的提升，人们的健康状况也将逐渐提高，但是，高体育参与者比低体育参与者的健康状况将提升更快，从而使体育参与在其中起到了健康的强化作用，但是，我们还需要认识一个不太理想的事实，那就是这种强化作用将使社会阶层群体之间的健康差距逐渐扩大。

7.2 体育参与在健康随年龄变化而下降过程中的缓解作用

从表7-1中的模型4中我们可以得到，年龄对人们的健康水平具有显著的负向影响（$\beta = -0.0157$，$p < 0.001$），由于体育参与在模型3中（模型4是在模型3的基础上而来）已不再表现出对健康的显著性影

响，因此在这里剔除了体育参与变量，添加了"体育参与×年龄"的交互项，来探讨它们之间的交互是否能够对人们的健康产生影响，结果表明，它们之间的交互项能够显著地影响人们的健康水平表达，且为正向（β=0.0017，p<0.05），表现出体育参与可能缓解因年龄的增长所带来的健康下降幅度。基于此，为了明晰他们之间的交互项对人们健康水平影响的直观效果，本章绘制了图 7-2：体育参与在年龄与健康之间的作用效应示意图。从图 7-2 中可以发现如下特征：（1）人们随着年龄的增长，其健康水平表现出逐渐下降的发展趋势。（2）在不同年龄段中，均表现出了高体育参与群体比低体育参与群体的健康回报更高，这一点也可以从 X—Y 的坐标轴中得证，即：相同年龄点（X 轴正向的某一点）上所对应的 Y 轴上高体育参与群体的健康回报明显高于低体育参与群体的健康回报。（3）随着年龄的增长，高体育参与群体的健康状态下降效率比低体育参与群体的健康状态下降效率低，从而表现出两种体育参与程度（高—低体育参与）的健康水平差距逐渐扩大。

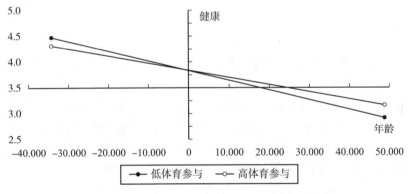

图 7-2　体育参与在年龄与健康之间的作用效应

注：基于全模型绘制；年龄为中心化数值，其均值=0，因此年龄出现负值；高低体育参与为±1SD。

究其原因，这与体育参与能够在一定程度上提高人体的机能水平、代谢水平、肌肉力量以及心理素质有关（这些指标均会随着年龄的增长而逐渐降低）。诸杰（2001）的研究指出，体育是一个对人们外显状态与内显机制交互作用的影响过程，它能够通过影响人体的机能水平，来抵御疾病的发生，正如汗等（Khan et al.，2012）的研究发现那样，体育参与能够产生特殊的健康效应，降低了 20% ～ 40% 的死亡发生率。吕中凡和刘培琳（2013）通过对 421 人的调查研究发现，不同体育参与行为均能够显著提高人们的心理健康状态；田恩庆等（2014）的研究认为：体育参与可以通过运动负荷直接作用于人们的生理机体、代谢水平以及肌肉力量产生生理生化反应，提高人们的健康水平。由此可见，由于人们在进行体育参与过程中，会产生一系列的生理代谢反应、肌肉收缩运动以及情绪反应调控，从而使人们承受了不同的生理与心理负荷，而通过长久的这种体育参与行为，人们就会在提高自身机能的过程中，也逐渐磨炼了意志、调节了情绪、提高了抗焦虑能力，进而将提高人们的健康状态。而这正与年龄的增长所带来的健康状态下降相反，即：年龄越老，身体机能、心肺代谢以及肌肉力量越差，从这一逻辑来看，体育参与便能够缓解健康随着年龄的增长而下降这一过程，因为它缓解了人们因年龄老去而表现出来的身体机能、代谢水平、肌肉力量以及心理素质的降低，必然就缓解了年龄所带来的负向健康效应。

基于以上的逻辑分析，本书认为：在人们随着年龄的增长，其自评健康状态表现出逐渐下降的过程中，他们的体育参与历程能够在一定程度上缓解人们因年龄增长而健康下降的速率（年龄越高，人们的身体机能、心肺代谢以及肌肉力量越差，而体育参与对这些方面的影响则相反），这一观点验证了假设 10。该观点表现出在同一年龄阶段的群体中，如果经常参加体育运动，那么，他们将比不经常参加体育运动的群体报告更高的健康水平；且随着年龄的提高，这种体育参与历程将使他们得到更大的健康回报，从而表现出体育参与历程逐渐扩大了他们之间的健康差异，这使人们体育参与历程的纵向健康获得效果。

7.3 体育参与在健康随年龄与阶层变化而下降过程中的交互作用

基于以上的观点，本章在模型 4 的基础上添加了"社会阶层×体育参与×年龄"的交互项，得到模型 5。从模型 5 中可以看出，社会阶层的提高仍然对健康具有积极的正向影响（β = 0.0208，p < 0.001），年龄的老去也仍然保持了对健康具有显著的负向影响（β = － 0.0159， p < 0.001），而"社会阶层×体育参与×年龄"的交互项则表现出了对人们自身健康评价的负向效应，且具有显著性（p < 0.05）。对于不同社会阶层群体而言，如果他们的体育参与程度不同，将使他们的健康随着年龄的变化而产生差异性。具体存在怎样的差异特征，则需要做进一步的后续分析。

因此，为了进一步明确在不同社会阶层群体中，人们的体育参与程度不同，会使他们的健康随着年龄的变化产生怎样的差异性，对数据资料做了下面的进一步分析：首先，将不同的社会阶层分为三类群体，其中农民与非技术工人阶层、技术工人与服务行业阶层为社会中下层群体，办事员阶层、初中级知识分子阶层为社会中层群体，而高级知识分子阶层、行政官员与企业管理阶层则归为社会中上层群体。其次，分别对处于这三类社会等级群体构建了健康的回归模型，其结果见表 7 - 2（表中已对控制变量进行了控制，为了使结果体现简洁性，对其进行了省略）。结果发现：只有在社会中下层和社会中层群体中，体育参与与年龄的交互效应对人们的健康状态有影响（β = 0.0046，p < 0.01；β = 0.0023，p < 0.05），而在社会中上层中不存在显著性影响效果（β = 0.0010，p > 0.05）。最后，通过表 7 - 2 所得数据，进一步绘制了图 7 - 3：社会阶层背景下（社会中下层和社会中层，因为在社会中上层群体中不存在这种显著性效应，因此不对这一类别进行分析）人们体育参与历程导致健康随年龄变化的差异特征如图 7 - 3（a）、图 7 - 3（b），以及合并成为图 7 - 3（c）所示，下面将从图中所得结果来分析并验证本章的假设。从图 7 - 3 中得到如下特征。

（1）从社会群体参与体育运动程度的健康回报来看（查看年龄大于 0 的部分），处于社会中层——高体育参与群体的健康回报 > 社会中下层——高体育参与群体的健康回报 > 社会中层低体育参与群体和社会中下层低体育参与群体的健康回报。从中发现了一个极其有意义的现象：前面我们已经认识到，随着社会阶层的提高，人们的自评健康水平也逐渐提升，但通过本节分析，存在社会中下层的高体育参与群体的健康回报高于社会中层的低体育参与群体的健康回报现象，这就使我们认识到，即便处于低社会阶层，如果人们坚持参与体育运动，那么其健康状态也将高于处于社会中层而不参加体育运动群体的健康状态。其原因主要在于：体育参与不仅能够通过直接效应来提高人们的身体素质，还能够通过提高人们的社会网络、社会认同、社会信任以及社会支持来弥补社会底层所占有的社会资源不足而带来的健康效应，如：贝利（Bailey，2005）认为，参与体育运动已经成为现今社会结交朋友、减少社会隔离、发展社会网以及提升社会资本的重要方式；弗雷和施图策尔（Frey & Stutzer，2010）也指出，人们在体育参与过程中，增加了社会交流与互动，从而产生社会信任、社会支持等。由此看来，尽管由于社会中下层群体较社会中上层群体占有更少的社会资源，而表现出较少的健康回报，但是如果他们坚持进行体育参与，他们将从提高身体素质、社会信任、社会支持以及社会网络等方面来弥补社会资源占有的缺陷，并表现出高于社会中层但不参加体育锻炼群体的健康表现。

（2）处于社会中层低体育参与群体和社会中下层低体育参与群体的健康回报得分存在交叉现象。从而表现出对于低社会阶层群体，如果他们体育参与程度也低的话，那么其健康随着年龄的增长将比处于同等体育参与程度的社会中层群体下降得快得多，尤其是在 30 岁之后，将随着年龄的老去，逐渐拉开健康差距。这一点，在前面的论述已有所涉及，它表明了如果人们都不参加体育锻炼，那么社会阶层对人们健康的影响将起到主要作用。

（3）但是，我们也应该认识到一个无法改变的现实：即便人们都积极参加体育运动，然而，如果他们属于不同的社会阶层（社会中下层和社会中层），那么，随着时间老去，仍然无法改变不同社会阶层之间健康差距扩大的事实。这主要是由于体育参与对人体机能、心肺功能、力量素质以及心理素质的提升是一致的，如果各社会阶层均积极参与体育运动，那么社会阶层将起到对健康的主要影响效果（即控制了体育参与变量）。

综上所述，本章研究认为：在不同社会阶层中，人们随着年龄的增长，均会表现出自评健康的降低，但是，由于不同社会阶层群体的体育参与程度存在高低之分，从而使不同社会阶层群体的健康回报随着年龄的提升而产生差异特征，这一结果验证了假设 11。该观点具体表现为：如果人们处于低社会阶层群体，但他们却不经常进行体育锻炼，那么他们的健康水平会随着年龄的增长比处于同等体育参与程度的社会中层群体下降得快得多；而如果他们坚持参与体育锻炼，那么他们的自评健康状态将会普遍好于处于社会中层而又不参加体育运动的群体；

但是，无论如何，我们应该认识到一个无法改变的现实，那就是如果所有阶层的群体都积极参加体育运动，那么，随着年龄的增长，其健康状态必然都会逐步下降，且健康的阶层差异逐渐扩大也将是无法改变的现实。

表 7 – 2　　　　　社会阶层视角下体育参与历程的健康影响结果

变量	下层	中层	上层
	（包括：农民与非技术工人阶层、技术工人与服务行业阶层）	（包括：办事员阶层、初中级知识分子阶层）	（包括：高级知识分子阶层、行政官员与企业管理阶层）
控制变量	已控制	已控制	已控制
年龄（对中）	-0.0156^{***} (0.0004)	-0.0134^{***} (0.0013)	-0.0074^{***} (0.0010)
体育参与 × 年龄	0.0046^{**} (0.0139)	0.0023^{*} (0.0014)	0.0010 (0.0010)
模型拟合度			
AIC	49045.850	6257.282	5460.403
BIC	49078.069	6281.257	5483.772

注：控制变量中不包括对健康影响不显著的变量；双尾检验：* 代表 $p<0.05$，** 代表 $p<0.01$，*** 代表 $p<0.001$；括号内数字为标准误。

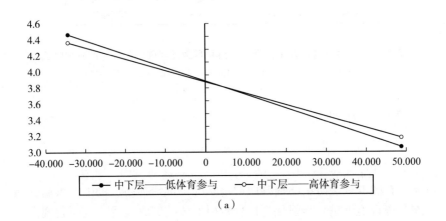

（a）

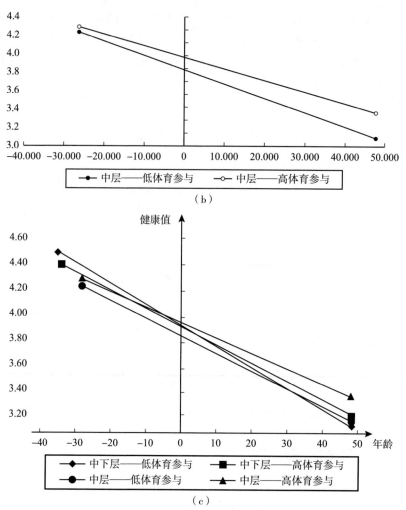

图 7 - 3　社会阶层视角下体育参与历程导致健康随年龄变化的差异特征

注：年龄为中心化数值，其均值 = 0，因此图中年龄出现负值；高低体育参与为 ± 1SD。

7.4　小结

本章主要是基于假设9、假设10以及假设11而来，研究结果表明：首先，在随着社会阶层的提升而健康状况也逐渐提高过程中，人们的体育参与历程能够进一步强化高社会阶层群体的健康表达，从而表现出体育参与历程能够强化社会阶层的健康效应（验证假设9），该观点呈现了如下现象：随着社会阶层的提升，人们所占社会资源必然会更多，那么所表现出来的健康状况也将逐渐提高，但是，由于体育参与不仅能够从身体机能方面来提高人们的健康，也能够通过提高人们的社会资本、社会网络以及社会交往，来提升健康水平，这将使高体育参与者比低体育参与者的健康状况提升更快，从而使人们的体育参与在社会阶层的健康效应中起到了进一步的强化作用，但是，我们还需要认识一个不太理想的事实，那就是这种强化作用将使社会阶层群体之间的健康差距逐渐扩大。

其次，在人们随着年龄的增长，其自评健康状态表现出逐渐下降的过程中，他们的体育参与历程能够在一定程度上缓解人们因年龄增长而健康下降的速率（验证假设10）。该观点呈现了如下现象：人们的年龄增长，通常会表现出身体机能、心肺代谢以及肌肉力量下降，进而表现出健康状态的下降，但是，体育参与对这些方面却具有积极的维护作用，比如：促进人们的心肺代谢、肌肉力量的提升等，从而人们的体育参与能够起到缓解因年龄下降而带来的健康下滑现象，表现出在同一年龄阶段时，高体育参与群体将比低体育参与群体[①]表现出更高的健康水平，而随着年龄的增长，人们的这种体育参与历程将得到更大的健康回报，拉大与低体育参与群体的健康差距。

最后，本章研究主要发现了社会阶层×体育参与×年龄对人们健康的多维交叉影响这一结果。即：体育参与在人们健康随着年龄的老去而逐渐下降过程中所起到的缓解作用存在阶层差异（验证了假设11）。该观点具体表现为：如果人们处于低社会阶层群体，但他们却不经常进行体育锻炼，那么他们的健康水平会随着年龄的增长比处于同等体育参与程度的社会中层群体下降得快得多；如果他们坚持参与体育锻炼，那么他们的自评健康状态将会普遍好于处于社会中层而又不参加体育运动的群体；但是，无论如何，我们应该认识到一个无法改变的现实，那就是如果所有阶层的群体都积极参加体育运动，那么，随着年龄的增长，其健康状态必然都会逐步下降，且健康的阶层差异逐渐扩大也将是无法改变的现实。

---

① 调节效应分析时可以通过计算调节变量均值和标准差来将调节变量分为"高调节变量组"和"低调节变量组"，其实，本书是根据这一严格的调节效应分析步骤将体育参与群体分为"高体育参与群体"和"低体育参与群体"，且在每个图的下面都有说明，即：高低体育参与为 ±1SD。

第 8 章
相关政策建议

8.1 立足 "底线公平" 理念, 加强公共体育资源的均衡化配置

通过对社会阶层如何影响人们体育参与与健康的分析与探讨, 证实了社会阶层能够影响人们的体育参与和健康水平, 这一结果进一步验证了以往学者的观点科克拉姆 (Cockerham, 2014)。由于社会地位的不同, 使人们所占社会资源存在差异, 高社会阶层群体由于占有更多的社会资源 (如医疗治疗、社会服务以及体育资源等) (Link & Phelan, 1995/2000), 从而使他们便于利用这些资源, 实现体育参与与健康提升。既然体育参与对人们的健康具有积极影响 (田恩庆等, 2014), 那么公共体育资源的投入必然能够提高人们的体育参与与健康状态, 这也是为什么国家大力投入财力来发展公共体育的原因所在。但从现实的公共体育资源投入来看, 却体现出了 "效率优先, 兼顾公平" 的主要理念。但是, 公平不仅是现今社会人们所追求的良好社会环境, 也是人们前赴后继、不屈不挠的精神核心 (于炳贵, 2006)。

社会公平是指站在社会整体利益上来考量个体的利益, 让全体成员享受到社会发展成果, 并使个人得到充分发挥 (吴忠民, 2008)。那么, 什么是适合我国各社会阶层下公共体育资源配置的公平体现呢? 这决定着我国公共体育资源的供给理念。基于目前我国现实, "效率优先, 兼顾公平" 供给模式已不适用, 而 "底线公平" 理念给我国供给公共体育资源的投入提供了一个可行选择。"底线公平" 是指实行双重公共体育服务供给机制, 底线以下群体侧重政府供给, 来确保社会底层应占

有的公共体育资源，提供公共体育服务，促进他们的体育参与；而底线
以上群体则侧重市场调节，来满足社会中层及以上群体的多元化体育需
求。而这也将是在社会中对体育资源合理公平配置的另一种表达，即：
确保社会中下层的体育参与保障，支持社会中层的体育诉求以及社会中
上层的市场供给。

在"底线公平"的理念加持下，我们要进一步优化以人为本，公
平共享的基本原则，使各类社会阶层都享有公平的体育权利和参与机
会，从中保障和满足不同的体育需求，对于促进社会的全面发展和地区
间的协调发展具有重要意义。这样可以提升各类社会阶层的工作生产效
率、提高各自的生活水平，通过各地区不同城市的协调发展，共同推进
公共体育资源的配置，缩小各社会阶层的差距，从而保障社会的高质量
发展。

通过合理分配不同社会群体的体育资源占有不仅可以促进各地区公
共体育资源的均衡发展，还可以实现各地区公共体育资源有效供给。当
然，这一策略的事实并不是意味着要以当前的城镇社区为基础实现完全
平等，因为无论在城镇还是乡村，社区的规模存在巨大的差异，这也就
要求政府在开展策略之前要适当将城镇和乡村以一定标准进行分类，然
后将同样标准对同类别的城乡社区进行合理的体育公共资源优化分配。

8.2 构建体育群体利益表达与补偿机制， 实现多元化体育参与

随着"体育强国""健康中国"以及"全民健身"战略的逐步实
施，我国已将体育事业放在了重要的发展位置，但随着全民健身与体育
普及化的深入，人们对体育锻炼的需求与体育设施资源供给不足之间的
矛盾也日益凸显，导致社会逐渐出现了人们的体育参与不平等问题，尽
管目前我国已经制定了相关政策，如：以乡镇为重点发展农村体育的政
策等，但是对于庞大的体育需求而言，这些政策仍然无法消除历史积累
所留下的体育参与不平等现象，比如：在现今社会中，中上层群体已不
再将高端体育参与作为身份的唯一象征，他们通常也积极参与大众流行
体育，从而形成多元化体育参与，而社会底层则由于所占资源的不足，

通常局限于某种或有限的几种体育活动（Peterson，1992）。由此看来，进一步构建完备的体育群体利益表达与补偿机制，从而使他们的体育参与更具有政策制度化、法治化，这将对社会底层群体也实现多元化的体育参与具有重要意义。

完善补偿机制是有效促进公共体育资源协调发展的重要方式。在公共体育资源配置过程中有关积极完善公共体育资源供给的补偿机制，按照阶层公平、试点先行等，建立公共体育资源协同供给的补偿机制。鼓励公共体育资源配置水平较高的区域与公共体育资源配置结构较低的区域通过财政补偿、对口支援等方式，建立起相应的公共体育资源补偿机制，促使公共体育资源较高的地区向公共体育资源较低的地区，提供财力和人力等资源的支持，加大对公共体育资源匮乏地区的支持和补偿力度。

在该机制中，首先，需要构建多种路径来实现体育群众的利益表达，如：民意代表调查反馈、街道信息反馈站以及体育社团意见等，来体现供给举措与阶层民主意愿相融，并实现从"为民决策"到"与民决策"和"让民决策"的转变。其次，在基于群众利益表达的基础上，需要政府干预实现多维供给主体提供多元化的公共体育服务来满足群众的多元化体育需求，实现对社会底层群体的权利补偿。最后，为了保证"群众利益表达与补偿机制"的顺利推进，还需要强化政策权威约束力（董德朋等，2017），运行保障机制的全方位、多层次、立体化，激励与约束机制的统一性、贯穿性以及监督管理机制的独立性、公正性、透明性、民主性来作为支撑，使其顺利实施。

8.3 提高"体育健康"意识，促进群众自发体育参与

"计划行为理论"指出：行为取决于意向（由态度、主观规范以及认知行为控制共同决定）（Ajzen，1991）。那么人们的体育参与行为也必然取决于人们对体育、体育文化以及体育运动的认识，尤其是对"体育健康"的理解，它不仅代表了人们通过体育运动来提高自身的生理健康，同时，它还代表了人们通过体育参与来提升社会心理健康，如，麦

克彻等（Mckercher et al.，2009）的研究指出，体育参与还能够通过提高人们的社会交往、社会资源、社会信任，改善抑郁、应激与不安等途径来提升他们的社会与心理健康，进而提高人民的最终健康水平。但从既有研究资料来看，目前我国的社会中上层群体对"体育健康"已逐渐引起了重视，而社会底层群体却仍然停留在体育对生理健康影响的理解。如：孙淑慧等（2004）指出，社会中上层群体比社会中下层群体对体育意义的理解更加全面，对体育运动的态度更加积极。

如果对体育运动建设中的各责任主体的社会和个体责任进行简单总结，那么政府的社会责任在于促进人民群众参与体育，在体育过程中保护人民群众的公平正义，而人民群众所要担负的个体职责就是自觉地参与体育运动，将体育生活化。政府根据正义的需要建立法律制度，将公共体育服务提供给社会全体成员，让人民群众拥有各种形式的体育权利，这种权力即使得到也是法律权利。2023 年 1 月 1 日起施行的《中华人民共和国体育法》就是个体与体育之间的桥梁，在保障个体体育权利的同时，赋予其承担"提高全民身体素质"的义务。全民身体素质能否得到有效提升，就在于公民个体能否自觉地参与体育并将体育真正融入生活。体育生活化不仅只是停留在基本体育需要的满足，而是要求人民群众应该自发参与到体育活动中，并且为了不断拓展生命价值而做出永无止境的自我探索和自我追寻。

此外，个体将体育生活化绝非一种纯粹的利己主义行为，结构功能论提示，任何一种社会偏离行为都不可避免地会影响社会的良性运行，从而产生同社会主流意识形态、价值观相悖的后果。个体对自己的健康负责，是一种基本的责任担当。而随着体育生活化越发深入，必然更为自觉地参与体育作为回应和报答，从而实现个体以己之力担当"提高全民身体素质"的集体责任。体育生活化的行为自觉不仅要求个体自发自觉地产生体育参与意愿、将体育融入生活的任一时空，而是自觉地顺应社会动员，选择、接纳体育走进人们的生活方式，拓展家庭的休闲范围。

在当代社会中，体育参与作为一种社会现象，必定是由社会组织的动员所引发的，纯粹的体育参与几乎是不存在的，故而要继续加强体育生活的行为自觉性，在社区组织动员下，培养良好的体育参与意识、结合政策制度、接受公共体育服务，让个体获得更好的健康水平，体验更高的幸福感、满足感和愉悦感，最终促成一个全民健身的和谐社会。体育生活化的行为自觉不仅依靠个体的主观意志就能实现，还要依靠社会众多的客观条件。于个体而言，首先最重要的就是自觉参加体育活动，积极参与体育生活化的实践。由于体育是以人为本的社会文化活动，其宗旨是不断满足人们身心的双重享受与发展需要为目的。因此，个体的多元体育参与能够促使社会对体育的环境条件不断改进完善，进一步引导个体形成新的、更多元化的体育参与形式，如此循环往复，夯实体育生活化的物质和环境基础。其次，建立良好的政策制度，并与实际生活相配套。体育生活化不仅是一套独立的体育行为，还与人的生活质量和生命质量都有着密切关系，对体育生活化的选择意味着践行一种科学、健康且文明的生活方式。每个家庭、每个成员都有理由追求树立科学的健康养生观念、养成科学的营养饮食和运动习惯。此外，充分利用好现有的体育资源和公共体育服务，避免对体育资源和从业人才造成浪费，这同样是社会和个人生活中应当倡导且遵循的公德，也是全社会成员应当发扬的美德。

基于此，下一步我们应该通过采取各种措施来提高人们的"体育健康"意识，从而逐步实现"态度"（体育态度）向"行为"（体育参与）的转变。要想让广大群众理解"体育健康"的真正含义，应该采取分层、递进以及引导的宣传方式，如：针对不同社会阶层人群对"体育健康"的认识层次，设定不同的宣传阶段与策略，来逐步提高人们对"体育健康"的认识，并帮助各社会阶层居民树立正确的"体育健康"价值观，从而使我国群众从体育的"需要"转化为体育的"优势需要"，最终实现群众自发地积极参与体育运动，并形成主动体育参与的健康生活方式，这不仅将为我国"全民健身"计划的实施打下坚实的基础，也将为我国所号召的"每天运动一小时，健康工作五十年，幸福生活一辈子"的完美图景提供了多彩涂料。

8.4 推动科学健身指导服务，促进群众体育与健康深度融合

开展群众体育活动对人民的生活质量、体质健康等有着不可忽视的重要作用，不仅需要法律保障、政策引领和制度落实，也需要激发群众

对于参与体育活动的积极性、指导群众掌握健身技能。作为健康生活方式的重要内容，加强科学健身指导，让群众爱上健身、学会健身，促进群众体育与健康的深度融合已成为社会各界所关注的焦点。在相关体育活动组织实施过程中，如何为公民开展科学的健身指导服务，加强群众体育与健康融合发展是国家的职责之一。

全民健身对于全面健康的意义影响深远，体质健康水平的增强是健康的基础保障，健康是推动人的全面发展的必然要求，是促进经济和社会发展的基础条件。科学的健身指导服务是实现全民健康的重要保障，可以为群众体育的开展提供相应的服务。我国开展的体育健身指导服务时间相对较晚，最早是研究能够长期为大众提供科学健身的个性化指导服务体系，并为科学健身探讨了一套切实可行、有效的运行模式，结合诸多优势资源搭建平台，将人群划分类别，针对个人情况给予相应的健身方案（张晓媚等，2009）。在调查中发现长期参与锻炼的群体中，有70%的群体存在锻炼没有目的、比较随意、没有科学锻炼的常识等问题，并在此基础上开展以"科学健身服务"为核心内容，采取"one to all"的健身指导模式，面对不同人群提供科学健身管理服务，并面向学生、政府机关单位、社区居民等提供科学研究、人才培养、知识宣教和决策服务"五位一体"的科学健身服务（刘远祥和毛德伟，2017）。在进行城镇居民对科学健身指导服务的需求程度的调查中发现，抽取的居民有一半认为需要科学健身指导服务，1/4 的居民认为科学健身指导服务视项目而定，并在探索高校体育院系服务于群众体育科学健身的多元模式下，提出公益服务模式、校企结合模式、体医结合服务模式以及政府购买高校服务模式四种模式来满足群众对科学健身指导服务的需求（陈蓉和肖婷，2017）。

现如今，随着科学健康理念的不断深入，体育运动在人们中的地位越来越高，全民健身战略发展首先要将人民放在首要位置，将科学健身指导服务与当地充分衔接，从多角度推动科学健身指导资源的均衡发展，保障科学健身指导服务的普及性、普惠性。对于群众体育而言，科学健身在促进人们身体健康方面的作用不言而喻，群众体育热潮正当时，科学健身对于人们在群众体育发展中的盲目跟风问题起到指导作用，可以有效避免运动过程中可能造成的损伤。科学健身在人民群众心中的地位随着生活水平的提高而不断提高。

科学健康指导服务的出现为群众体育的开展提供相应的服务，包括个人健身计划的指导、场地设施的使用以及动作的要领等，现如今国家设立健身示范区在一定程度上为群众体育的发展提供典范，对于科学健身指导服务的研究不管是线上平台还是线下为群众提供的科学指导都在不断探索优化改进，其中的城镇示范区和农村示范区，使农村科学健身指导服务在乡村振兴的实施下逐步成长，但目前仍需要多方面的合力共同推进其进步和发展，现如今的农村体育需求日益增长，农村体育赛事的发展、居民科学健身意识的增强使得科学健身指导服务在农村有了一定的发展空间。

科学健身指导服务是保障群众体育效益，提升健康水平的有效措施。进一步推动科学健身指导服务，促进群众体育与健康的深度融合，可以更好地满足人民群众对于健康的需求，提高全民健身水平，让更多的科学健康知识、方法普惠大众，更好地为建设中国贡献力量。

8.5 壮大社会体育指导员队伍，打造全民健身公益服务品牌

虽然中国历来就有"生命在于运动"的说法，但是社会体育指导员真正有现实意义，有具体作为是在新中国之后才开始出现的。但在其发展过程中出现许多分歧，造成一些地区社会体育指导员工作停滞不前。为此，国家体育总局印发《关于进一步加强社会体育指导员工作的意见》（以下简称《意见》），并开启全国范围内的相关工作。《意见》中提出要各级体育行政机关统一管理和统筹社会体育指导员工作，根据其工作规律、特点和需求，制订工作计划，形成了两种类型的社会体育指导员工作模式和团队体系，从那时开始我国的社会体育指导员队伍就迈入一个前所未有的活跃和科学化、秩序化的发展时期。

我国各省、自治区、直辖市的社会体育指导员发展不断壮大，但是仍然有许多有待提高的地方。在调查大型俱乐部的健身从业人员中得出，其从业人员的资格认证来源不统一，缺少相关的管理办法，由此应提出建议对评价工作进行严格管理；对项目的技术、理论等方面及时完善，制定一套完整的培养体系，并对取得相关资格证书的社会体育指导

员开展定期培训考核（朱二刚，2015）。通过调查公共体育服务时发现，当前我国的社会体育指导员相应体制不太健全，导致社会体育指导员发展失衡；当前我国的体育指导员人数无法满足公众对于社会体育的基本需求（汪俊等，2017）。

随着国家出台相关计划和指南，使对于群众体育工作的开展更为深入，对社会体育指导人才的培养更为重视。2009 年 9 月，国家体育总局、中央文明办等六部门先后发布《关于广泛开展全民健身志愿服务的通知》，提出公益型社会体育指导员在推动全民健身中的"志愿服务"属性。随后，为了进一步促进群众体育快速发展，发挥社会体育指导员在全民健身活动中的作用，国家体育总局制定并发布《社会体育指导员管理办法》。2022 年 3 月，中央办公厅、国务院办公厅联合印发《关于构建更高水平的全民健身公共服务体系的意见》中再次强调了要提升健身运动的专业化水平，壮大公益型的社会体育指导员队伍，指导其依法开展相关志愿服务活动。培养一支能够无偿性为大众提供健康指导、组织活动、传播知识的公益型社会体育指导员队伍。从中不难看出，公益型社会体育指导员是推动全民健身事业和科学指导大众健身的主力军，培养公益型社会体育指导员，始终是提升大众科学健身、推动社会体育发展的重要手段，是我国全民健身工作的重要内容。

利益相关者理论提出利益主体，双方甚至于多方之间的关系都是相辅相成、彼此共生的。政府在推动社会体育指导员队伍建设，扩大队伍数量时，可通过积极培育高级指导员，来为群众体育提供更高质量的公共服务，同时也促进了社会体育指导员队伍的进步、扩大，使社会体育指导员队伍朝着更高水平方向发展；除此之外，政府在培养或引进高级指导员人才的同时也更好推动地方体育的发展，保质保量地落实全民健身计划。只有协调好各方，不断追求进步，才能实现利益各方的共同发展。

社区体育指导员是全民健身的宣传者，也是公共体育服务中的主要角色。社会体育指导员是政府为人民群众提供公共服务的得力助手，同样也承担着重要的社会责任。社会体育指导员队伍作为公益性的社会体育组织，不以赚取利益为目的，秉承着"无私、奉献、服务"等宗旨，在城镇和乡村为人民群众提供科学的健身指导、普及体育相关知识并组织进行健身活动。

社会体育指导员队伍的扩大不仅要注重数量的增长，同时也要保障质量的提升，我国指导员数量虽然很多，但大多为三级指导员，指导的水平有限，这就要求我们相关部门直接招收或从现有的指导员队伍内部选拔，将其部分精力和资源投放在培养高级指导员的工作中，选择真正有服务意愿、有极高工作热情的人员进行培养、选拔；同时我们还可以把目光聚集到高校，高校是培养人才的摇篮，我国的专业体育院校和设有体育专业的综合性大学都设有社会体育指导专业，从而为社会体育指导员队伍的发展不断注入活力。两者结合发展，不仅能提升社会体育指导员队伍的开展，还能在其中提高社会体育指导员队伍的综合素养，促进可持续发展。

随着社会的不断发展，人类思想的不断进步，人们进行体育锻炼的观念逐渐加深，对运动健身的喜爱逐渐加强。从而使公益型社会体育指导员成为国家发展全民健身事业的一支重要力量和生力军，在实践中也取得一定的成效和影响力。首先，在不断发展过程中，我国应将公益型社会体育指导员的工作融入我国志愿服务的制度体系中进行建构发展。在我国，志愿服务的全面制度化要晚于社会体育指导员的工作开展，为了促进我国志愿服务事业的全面发展，公益型社会体育指导员工作应融入其中，并与其相辅相成。其次，为了更好地让公益性社会体育指导员队伍在群众体育活动中站稳脚跟，提升他们志愿服务的积极性，引进更多人才参与到全民健身服务活动中去，还应当加强宣传工作，让更多的人认识到社会体育指导员队伍的志愿服务工作并参与其中，打造全民健身公益服务品牌，进一步提升社会体育指导员队伍的影响力和知名度。最后，不断创新，建立健全基于时代发展要求的社会体育指导员队伍建设体系，有效把握社会体育指导员队伍与全民健身的发展契合点，以公益性发展为基础，打造高素质、高标准的社会体育指导员队伍，不断扩大队伍数量，为促进全民健身事业迈向更高层次贡献力量。

8.6 推动基层体育社会组织现代化发展，提高群众体育活动的参与度

我国在新时代发展过程中，经济社会主要矛盾已然发生变化，体育

已成为新兴产业、幸福产业，逐步实现的体育治理现代化对于满足人民日益增长的美好生活需要有着非常重大的意义。社会体育组织作为体育的治理主体之一，在体育的蓬勃发展中发挥着至关重要的作用，对于促进体育供给侧结构性改革、激发体育市场活力，挖掘体育消费潜力和推动体育产业高质量发展起到了巨大作用，并且更为明显地体现出社会体育组织的重要性。而基层体育社会组织作为体育社会组织的重要组成部分，是促进我国体育事业高质量发展、推动体育强国和健康中国建设的重要载体。基层社会组织在新发展阶段肩负了更为重要的使命和责任担当。在政府的不断推动下，将基层体育组织的建设提升到一个全新的层次。在相继发布的多个文件中都着重提出要壮大体育社会组织，推动体育社会组织发展，激发体育社会组织活力，将体育社会组织建设作为体育强国建设的重大工程之一。2021 年国家体育总局印发的《 "十四五" 体育发展规划》更多次提到重点推动基层体育治理，充分调动基层体育社会组织积极性，建立起政府、市场和社会三方协同治理体育新格局。

基层体育社会组织是体育发展 "最底层" 的存在，一直扮演基石的角色。在国家相关政策的推动和治理重心下移的基础要求下，基层体育组织的作用和重要性日趋凸显，这对促进全民健身计划、健康中国战略规划和体育强国建设等国家重大战略，推动实现体育治理体系和治理能力现代化发挥着十分重要的作用，并在推动群众体育发展方面扮演重要角色。随着国家对基层治理的重视程度不断加深，现如今社会对于基层体育社会组织的关注度也不断增强，作为体育社会组织中存在数量最多、与群众距离最为接近的重要组成部分，基层体育活动组织的健康发展关乎我国体育事业发展基数的质量。但在其发展过程中存在一些问题，我国大多数的体育组织是由政府衍生并推动组建的，组织并没有按照群众的意愿自我建成（周结友，2014）。在对当前体育社会组织进行调查时发现诸多问题，比如：缺乏服务意识，缺乏主动性和创造性，缺乏对政府职能转变和对市场经济变化的组织应变能力（黄亚玲和郭静，2014）。

体育社会组织作为连接政府与群众、市场与群众的重要组成部分，不仅要承接政府购买的公共体育服务和市场企业开展的体育活动，还要向群众提供体育产品和服务，满足群众对体育消费的需求。这将是推动群众体育发展，增加群众参与度的关键举措。

推动基层体育社会组织现代化发展，增加群众体育活动的参与度，需要政府发挥主导作用，加强基层党建，整合多种资源，探索"党领共治"体系，激发基层体育社会组织活力，营造群众参与体育活动的社会氛围；还需要基层体育社会组织本身进行精细化治理。通过转变治理观念、准确识别问题、完善注册和备案制度等措施，加强管理和自我管理的规范性，降低治理成本，满足群众的体育需求；同时，结合新兴技术，如区块链、大数据、人工智能和云计算等，提高治理效率和透明度，实现多元共享的治理机制，推动基层体育社会组织治理向中国现代化迈进。

在政府方面，发挥主导作用，发挥基层党组织在基层体育社会组织治理中的总览全局、协调各方的领导和引导作用，无疑是形成基层体育社会组织多元治理的关键所在。能够有效提高基层体育社会组织治理的协同性和系统性，弥合治理缝隙，补齐治理短板，是基层党组织领导和引导作用的具体体现，在基层体育社会组织治理中具有重要意义（姜晓萍和田昭，2019）。首先，最重要的是，要充分发挥党的政治领导作用。这对于确保中国式现代化的正确方向在基层体育社会组织治理中得到普遍、全面的贯彻是至关重要的。善于发挥地方党组织固有的政治优势和组织优势，切实保证基层体育社会组织治理始终坚定地走中国式现代化的正确道路。加强和优化党在基层体育社会组织领域的政治职能，具有十分重要的现实意义。这突出表明，要高度重视提高党统筹全局、指导方向、领导思想的能力（陈丛刊和王思贝，2021）。其次，在党建过程中整合多种资源，探索基层体育社会组织"党领共治"体系，旨在为这些组织的治理建立一个长期有效的机制（朱健刚和王瀚，2021）。通过发挥党的政治优势和组织优势，聚集基层体育社会组织的治理资源，构建一个共享的协同治理平台，并且可以动员不同的利益攸关方积极参与实际治理。积极探索以党建领导为核心的基层体育社会组织"党领共治"模式，与多方利益相关者建立有效的相互融合、协同关系。实现了多元共享的治理机制，推动基层体育社会组织治理向中国现代化迈进。最后是增强基层体育社会组织党建的组织活力，通过区域化党建方式构建结构化的治理网络。建立完善的基层体育社会组织党建组织体系，整合政府、市场、社会治理力量。一方面，充分发挥党建资源整合、利益协调、平台建设的组织优势，系统地将区域内的体育行政部门、民政部门、社区、企业纳入系统网络。另一方面，加强基层体育社会组织上下级与群众的联系。

在基层体育组织创新方面，新兴技术的内在优势应与基层体育组织治理的实际需求有效结合。通过使用区块链技术，我们可以在实体之间建立网络关系，实现实体间数据互联互通，扩大治理参与的边界，提高治理透明度。通过利用大数据，我们可以增强科学决策能力和风险预测能力，不断推进治理重点。通过人工智能和云计算，我们可以优化组织的准入和监督机制，提高注册和备案的效率。然而，基层体育组织的数字化治理并不是简单的技术插入问题，而是涉及整个治理体系，包括理念、制度和思维，可以说是数字化治理的全面创新。同时，将信息技术嵌入基层体育组织的治理实践，应避免"技术治理"陷阱，过分强调技术在应对基层体育组织治理困境中的作用，而忽视引入更多机制和技术来确保数字化治理的必要性。这样不仅推动了基层体育社会组织的高质量发展，而且提高了公共体育服务提供的效率。同时，更好地满足人民群众日益增长的体育基本需求，为建设体育强国作出贡献。

在基层体育社会组织本身方面，进行精细化治理，加强管理和自我管理的规范性，使其有一个良好的自我基础。基层体育社会组织精细化治理是通过治理思维的转变，按照精、细、严、准的原则，健全标准化、细节化、技术化、人性化的全过程监管机制，从而减少基层体育社会组织的治理成本。也就是说，通过标准化的监督方式和科学化的评估方法，来实现更关注细节和更加人性化的治理效果。首先，要转变治理观念，满足群众的体育需求。基层体育社会组织精细化治理强调政府要塑造服务理念，及时捕捉和回应社会公众的体育需求。政府应积极关注和支持能够有效满足群众健身需求、重视和鼓励有助于改善群众体验的基层体育社会组织。其次，准确识别问题，并注重于解决问题。要实现精细化管理，首先要找到问题的关键和根源，并关注实质性问题，在各种问题表现中准确确定问题的根本原因。与治理方向和治理方向的宏观概念相比，更应关注基层体育社会组织治理过程中的具体过程和具体规范。同时，及时应对问题，全面客观了解基层体育社会组织的发展现状，放宽基层体育社会团体注册准入门槛，加强事前监督。在治理过程中，必须关注具体问题并进行详细分析，避免"一刀切"的治理方式。与科学、教育、文化和卫生领域的其他社会组织相比，基层体育社会组织不仅面临着共同的挑战，还面临着独特的问题，如身份合法性的丧失。因此，除了创造专门的政策环境来支持他们外，还需要正确定位处于不同成熟、发展和起步阶段的基层体育社会组织的作用，并完善注册和备案制度。

8.7 强化政策理论研究，推动群众体育政策不断完善

随着社会的不断发展，人民群众的健身观念发生转变，政府坚持以人民为中心的体育发展思想，大力推动群众体育事业蓬勃发展的决心始终不变，因此投入了大量的精力、物力和财力去支持全民健身的有关项目，并且加大了组织领导、健全全民健身公共服务政策体系，并且大力推行国家体育锻炼的标准、组织开展第五次国民体质监测细化评价等级标准、强化监察检测力度、规范活动要求等。从中央政府到地方部门，都十分密切关注我国国民体质的新动态，不难看出群众体育受重视程度在不断提高。

在我国全民健身的发展历程中，国家所承担的职责之多，其中首要一条就是制定有关法律法规和政策文件，结合国民经济和社会发展状况制定相应的专项规划和服务标准，从而营造出合理、安全和有保障的全民健身制度环境，在几十年的制度演变和法治建设中，我国的全民健身政策法规体系已然基本形成，从宪法到部门法、从法律到法规、从中央到各级政府，都有着不同的层级、范围和效力，都给予了全民健身同样的保障，为实施全民健身的国家战略和提供全民健身的公共服务奠定良好的法律法规依据和制度基础。

我国发布的群众体育政策注重群众体育的发展，立足于实际，将群众体育的各个方面都囊括其中，以健全完善全民健身体系为目标，以培养良好体质为目的，满足人们发展需求。我国群众体育政策为适应不同时期的社会发展需要，其政策也在不断地进行调整和优化。

从 1995 年开始着眼于人民群众的"健身之需"到 2009 年着眼于人民群众的"健心之需"再到党的十九大召开后人民群众的"健康之需"均得到高度重视。在社会主义建设的新阶段，国家注重社会体育组织的自治性，为充分发挥体育的健康功能，彰显人民群众的主人翁地位，开

展群众性体育活动，创造广阔的政策环境。从内容方面，"健康中国""体育强国"等内涵不断丰富，体育参与得到进一步普及与提升，同时也提升了健康素质的地位，为高质量发展、实现健康集聚后备力量，建设体育强国、提升人民主体地位、实现群众全方面发展奠定基础。因此20 多年来，我国的群众体育政策根据环境和实际情况进行不断的优化调整，目的是最大限度地满足人民群众的体育需求。

群众体育政策不仅是组成全民健身服务体系的重要前提和保障，也在完善群众体育"举国体制"过程中起到了举足轻重的作用。群众体育政策反映的是国家对于群众体育事业规律的掌握，为建立群众体育公共服务构建合适的框架，我国群众体育领域所采取的行为都是基于政策的合理导向。政策一向被理解为国家意志行为和力量的集中反映，政策的好坏直接对整件事情发展的方向产生影响，政策制定普遍以社会和人的发展需求为依据。正确方针政策的推行，使得我国群众体育事业的发展突飞猛进。群众体育政策作为群众体育的发展原则和基础，其制定过程中首先要考虑的是增强人民体质，这同样也是目前新时代人民参与体育锻炼首先想要得到的回响。

纵观全世界，群众体育的发展深受各国所重视。澳大利亚从联邦成立至今的各个时期，政府对于群众体育工作高度重视。体育从始至终伴随经济发展、社会进步和人民生活水平的提高（徐士韦，2016）。韩国在 20 世纪 90 年代先后颁布了《虎计划》《国民体育振兴与 5 年计划》和《社会体育普及计划》，从法律上为韩国国民的体育教育提供了保障，使韩国的群众体育得到长足发展，并在结合国民日常参与体育活动的实际基础上，接连制订了相关国民体育振兴计划（闫华，2010；李旻俊，2012）。国外群众体育的发展和政策仍在不断完善，为我国群众体育政策的深入研究提供了借鉴。在国内，党的十九大报告中将中国特色社会主义进入新时代之后体育的新使命、新定位总结为："广泛开展全民健身活动，加快推进体育强国建设。"但在国家体育总局 2017 年颁布的《全国健身指南》中通过大量数据可以看出，虽然群众参与体育运动的人数在逐年提升，但在提高身体素质上并没有达到较好的成效，超重超胖人群仍在逐年扩大，尤其是少年儿童的肥胖现象，这也成为推行群众体育政策不断完善的根本原因之一。

政策法规的变迁反映了社会的发展进步，随着社会和人们的认知水平发生改变，原有的政策已经难以与新的社会环境相匹配，与此同时，新的政策便在新的社会环境中产生并对社会进行调控和管理。在我国体育事业发展中，群众体育作为我国体育事业的一个重要分支，其政策变迁也伴随人们日益增长的需求不断地发生变化，以适应社会发展规律。强化相关政策理论研究，不断推动群众体育政策创新完善，在政府层面上，要尽量使学校体育、竞技体育得到齐头并进的发展，竭尽全力减少相互间的利益冲突，统一政策目标，增进各政府部门对于群众体育的共识、重视，使群众体育政策发挥出理想的成效，使理想的目标和效果得以充分执行。在经费方面，要加强投入，保证政策的完善和顺利实行。这是群众体育政策的实现中不可或缺的有效保障。切实增加政府对于群众体育领域的经费投入，可以设立专项资金保障各项群众体育活动的顺利开展及更好的政策推行，必要时可设置监察部门，防止资源的滥用、侵占和挪用。在人才培养方面，要扩大社会体育指导员队伍和志愿者团队，在此过程中，要注重加强政策执行队伍素质的建设和理论的培养，为群众体育政策的执行注入活力。在报道宣传方面，要有针对性地宣传政策的意义、目的，多途径报道和弘扬，为贯彻落实政策奠定良好的思想基础。

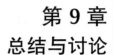

第9章
总结与讨论

进入 21 世纪以来，我国各社会阶层群体的价值观念正在发生着前所未有的变化，其中，人们所追求的健康价值观念也在逐渐发生着潜移默化的改变。在我国推崇"健康中国"与"全民健身"的双重背景下，人们对健康的观念已逐渐由原先简单认为"身体健康"单一维度逐渐向"社会－心理－生理"等多维度转变，更加认可它是一种综合体现（Cutler et al.，1997）。正是随着人们对健康价值观念的转变，使学者们从各自领域展开了对健康影响的一系列研究，且从既有研究资料来看，影响人们的健康存在两条主要路径，其一是结构主义路径，其二是个体主义路径。其中，结构主义路径关注的是人们因社会地位不同而产生的阶层分化、居住隔离以及社会资本的差异所带来的健康影响，强调了高层次结构性要素对人们健康的约束（如社会阶层），从而缺乏对健康更为细致的解释逻辑；而个体主义路径关注的是人们的行为预期、健康认知以及能动性作为中间机制对个体健康的影响，强调了个体行为所产生的健康效应（如体育参与），从而便不能考虑到社会阶层对健康影响的标识边界。由此可以看出，结构主义路径和个人主义路径能够从不同的角度阐释所带来的健康效应，它们之间是相互完善与补充的。

也正基于此，本书从综合的视角（结构主义路径：社会阶层；个体主义路径：体育参与）出发，探讨了"社会阶层视角下体育参与历程的健康效应"议题。在该议题下，本书通过整理与分析 1997～2015 年的 CHNS 追踪数据，重点探讨了三个问题，其一：分析了"是否存在社会阶层视角下的体育参与与健康不平等现实？"其二：分析了"随着年龄的增长，社会阶层带来了怎样的体育参与与健康效应？"其三：分析了"体育参与历程在社会阶层的健康效应中具有何种作用？"也正是基于这三个问题，使人们所处的社会阶层与体育参与历程对健康的影响呈现给我们一个复杂图景，在这一图景中，社会分层与体育参与对健康的影响具有一种长期的影响性（年龄的增长），这就使我们能够从"历时态"的角度来反映人类生命历程的健康状态变迁，进而探讨随着年龄的增长，在社会阶层视角下人们的体育参与历程能够带来怎样的健康效应和效应边界，最终解释了人类生命历程中（年龄），社会阶层、体育参与以及健康状态之间的复杂关系。

9.1 主要研究结论

9.1.1 社会阶层视角下人们的体育参与与健康状况逐渐分化

本书在认识社会阶层视角下体育参与人口与健康人口的社会结构、体育参与与健康的趋势特征基础上，分析了 1997~2015 年近 20 年期间我国社会阶层视角下人们体育参与与健康不平等的现实与趋势。结果显示，（1）在我国的社会结构中，社会阶层视角下的体育参与人口表现出了"橄榄型"结构特征，而健康人口表现出了"倒金字塔型"结构特征。前者展示了中层的体育参与人口占比较高，而上下两层的体育参与人口占比相对较低的特点，且下层群体的体育人口占比严重不足。后者呈现了社会底层群体的自评健康状况普遍偏低，而社会中层、社会中上层群体的自评健康状况普遍偏高的结构特征（从图 5-1 和图 5-6 得证）。（2）在 1997~2015 年，表现出各社会阶层群体的体育参与逐渐上升，而健康状况逐渐下降发展趋势（从图 5-2 和图 5-7 得证）；在同一年份中，随着社会阶层的提高，表现出人们体育参与程度与健康状况的提升发展趋势（从图 5-3 和图 5-8 得证）。（3）社会阶层视角下存在显著的体育参与与健康不平等现象（从表 5-1 和表 5-2 得证，具有显著性 $p < 0.05$ 或 $p < 0.01$ 或 $p < 0.001$），且在 1997~2015 年，这种体育参与与健康不平等表现出逐渐扩大的发展趋势（假设 1、假设 2 得到验证），从而呈现了"马太效应"的发展特征（从图 5-4、图 5-5、图 5-9 和图 5-10 得证）。

以上结果验证了"社会阶层视角下人们的体育参与与健康状况逐渐分化"的事实。在 1997~2015 年，之所以呈现了社会阶层视角下人们的体育参与与健康状况的逐渐分化，其原因必然由社会阶层的分化来解释，从社会阶层的角度来看，随着社会发展，我国的社会阶层逐渐强化，基于"挤出效应"与"马太效应"理论，中、高层社会群体通过自身优势地位，扩大了社会资源的占有（包括：体育资源、健康资源等，下同），如：社会中、上层群体通过体育消费、健康消费对低利润体育消费和健康消费产生"挤出效应"，并吸引体育服务、健康服务的目标向中、高社会群体定位，从而在减少了社会底层群体所占资源的同时，扩大了中、高层社会群体的社会资源，从而形成了"马太效应"，也正是由于这一拉（挤出效应）一推（马太效应），最终导致了社会阶层视角下人们的体育参与与健康状况逐渐出现分化。

9.1.2 社会阶层对体育参与与健康的影响表现出"累积优势"效应

既有研究资料显示，社会阶层被视为健康不平等的根本性因素（Link & Phalen，1995/2000），而体育参与则是影响健康的直接性因素（田恩庆等，2014）。由此来看，社会阶层不仅是"健康不平等的根本性因素"，它还是"体育参与不平等的根本性因素"。基于此，首先便需要在控制其他变量的基础上，确定社会阶层是否能够影响人们的体育参与和健康状况，只有在社会阶层能够影响人们体育参与和健康状况的基础上，才能够进一步分析随着年龄的增长，社会阶层对体育参与与健康状况具有怎样的影响效应。本书研究结果显示，随着社会阶层的提升，人们的体育参与与健康状况均表现出逐渐提升的发展趋势（假设3、假设5得到验证）。其中，社会阶层对体育参与的影响呈现出一种"倒 U 型"关系的影响效应，即表现出：随着社会阶层的提升，对体育参与的影响效果先升高后降低的发展趋势；而社会阶层对健康的影响则呈现出一种"线性"的关系的影响效应，即表现出：随着社会阶层的提升，对健康的影响效果保持线性提升的趋势。无论如何，这证明了社会阶层对人们的体育参与和健康状况具有积极的影响。那么随着年龄的增长，社会阶层对体育参与与健康状况的影响是如何变化的呢？研究结果如下。

（1）社会阶层与体育参与。其一，随着年龄的增长，高社会阶层群体较低社会阶层群体对体育参与的正向影响更明显。其二，随着年龄的增长，社会阶层所导致的体育参与不平等将逐渐扩大（从图 6-2 和

图 6 - 3 得证）。以上结果验证了假设 4，并推翻了假设 7，从而支持了
"累积优势与劣势效应"假说（Merton，1968）。其实，这一结果在以往
研究中已初见端倪，在劳里和谢（2009）等对老年群体的研究中，也
支持了累积优势理论。该假说阐释了某一群体所具有的优势资源会随着
时间的积累而扩大，意味着该优势资源的不平等分配差距随着时间的推
移而进一步加大（Diprete & Eirich，2006）。也正因如此，在确定随着
社会阶层的提高对人们体育参与具有积极的正向影响时，而随着年龄的
增长，这种效应表现出"累积优势"，从而扩大了社会阶层所导致的体
育参与不平等程度。

（2）社会阶层与自评健康。其一，随着年龄的增长，高社会阶层
较低社会阶层对健康的正向影响更明显。其二，随着年龄的增长，社会
阶层所导致的健康不平等将逐渐扩大（从图 6 - 5 和图 6 - 6 得证）。以
上结果验证了假设 6，并推翻了假设 8，也支持了"累积优势与劣势效
应"假说。这一结果与以往学者的研究一致，威尔逊等（2007）通过
对 17 年的 PSID 数据统计发现，社会经济地位所导致的健康差异随着年
龄的增长而加大。本书在确定社会阶层的提高对人们的健康具有积极的
正向影响时，随着年龄的增长，这种影响必然也将对健康展现出"累积
优势"效应，从而扩大健康的阶层差异程度，进而给出了更好的解释。

9.1.3 体育参与历程在社会阶层与健康之间的强化与缓解作用

从既有研究资料来看，人们的健康既受到"结构主义路径"（社会
阶层）的影响，也受到"个体主义路径"（体育参与）的影响，目前学
者们主要从单路径角度出发来探讨人们的健康效应，缺乏从双路径（结
构—个人主义路径）的视角来探讨对健康的影响。基于此，本书从多维
度（社会阶层—体育参与—健康）来分析在人类的生命历程中，他们
之间的深层关系。

（1）体育参与在健康随社会阶层变化而提升过程中的强化作用
（从表 7 - 1 和图 7 - 1 得证）。研究认为：在随着社会阶层的提升过程
中，人们的健康状况也将逐渐提升，而他们的体育参与历程能够在一定
程度上强化健康因社会阶层提升而提高的效率。该观点呈现了如下现
象：随着社会阶层的提升，人们的健康状况也将逐渐提高，但是，高体
育参与者比低体育参与者的健康状况将提升更快，从而使体育参与在其

中起到了社会阶层对健康影响的强化作用，且这种强化作用将使社会阶层群体之间的健康差距进一步扩大（假设 9 得到验证）。

体育参与能够提高人们的身体健康已成共识（Lanb et al.，1990；裴德超和高鹏飞，2013），这也能够解释为什么高体育参与者比低体育参与者具有更高的健康水平，即：在相同的社会阶层群体中，高、低体育参与者将表现出具有一定差距的自评健康状态。而体育参与却不仅能够通过直接效应来提高人们的身体健康，它还可以通过提高社会认同、社会资本（Burnet，2006；周洁友，2008）、社会网络等社会因素来提高健康状态（以往研究已证明，社会认同、社会资本以及社会网络均是提高人们健康状态的重要影响因素），而社会阶层也是通过人们占有的社会资源与资本、得到的社会认同以及维护的社会网络不同来进一步提高人们的健康状态，因此，从这方面来讲体育参与将有助于社会阶层进一步提高这些社会因素，从而对健康产生影响，这就使健康在随着社会阶层的提升而提高过程中，体育参与能在其中起到社会阶层对健康影响的强化作用，从而表现出随着社会阶层的提升，高体育参与者比低体育参与者的健康状况提升更快的现象。

（2）体育参与在健康随年龄增长而下降过程中的缓解作用（从表 7-1 和图 7-2 得证）。研究认为：在人们随着年龄的增长，其自评健康状态表现出逐渐下降的过程中，他们的体育参与历程能够在一定程度上缓解人们因年龄而健康下降的速率。该观点表现出：随着年龄的增长，人们的健康状况逐渐下降，但是低体育参与群体将比高体育参与群体的健康状况下降更快，从而使体育参与在其中起到了年龄对健康影响的缓解作用，且这种缓解作用也能够进一步扩大社会阶层之间的健康差距（假设 10 得到验证）。

人们随着年龄的增长，必然会出现身体机能下降，心肺代谢不足以及肌肉力量逐渐松软的特征，这是人类生命历程中的一个现实过程，它解释了为什么人们随着年龄的老去，而健康状况逐渐下降这一机制。而体育参与对人们身体机能的提高、心肺代谢的增强以及肌肉力量的巩固均具有极强的积极作用，这既是为什么国家推崇"全民健身"计划的重要依据，也是民间一直所说的"管住嘴、迈开腿"的主要认知。它从外显状态与内显机制出发，交互影响了人们的健康状态（诸杰，2001），正如汗等（2012）所说，体育参与通过影响人体的机能水平，抵御了疾病的发生；田恩庆等（2014）研究指出，体育参与能够提升人们的代谢水平和肌肉力量，从而产生生理生化反应，提高人们的健康水平。由此看来，体育参与对健康的作用正与年龄对其的作用相反，这就为体育参与缓解年龄对健康负向影响的效果提供了理论解释。

（3）体育参与在健康随阶层与年龄变化而下降过程中的缓解作用（从表7-2和图7-3得证）。研究认为：在不同社会阶层中，随着年龄的增长，人们均会表现出健康状况的逐渐降低，但是，由于不同社会阶层群体的体育参与程度存在高低之分，从而不同社会阶层群体的健康回报随着年龄的提升而产生差异特征（验证了假设11）。该观点表现了如下现象：如果人们处于低社会阶层群体，但他们却不经常进行体育锻炼，那么他们的健康水平会随着年龄的增长比处于同等体育参与程度的社会中层群体下降的快得多；而如果他们坚持参与体育锻炼，那么他们的自评健康状态将会普遍好于处于社会中层而又不参加体育运动的群体；但是，无论如何，我们应该认识到一个无法改变的现实，那就是如果所有阶层的群体都积极参加体育运动，那么，随着年龄的增长，其健康状态必然都会逐步下降，且健康的阶层差异逐渐扩大也将是无法改变的现实。

之所以经常参加体育锻炼的社会中下层群体会比不参加体育锻炼的社会中层群体能够表现更高的健康状态，主要还是与体育参与既能够提高人们的身体机能来提高自身健康，也能够通过影响社会网络、社会认同以及社会信任与支持来提高自身健康有关（Fitzpatrick et al. ，2015；Cundiff et al. ，2017），这在一定程度上弥补了社会中下层所占社会资源不足而带来的健康效应，并赶超了社会中层而不参加体育运动群体的健康状态。但是，如果社会中层也积极参加体育运动，那么随着年龄的增长，其社会中下层与社会中层之间健康差距的扩大仍然无法避免，这一点主要是假设了所有人群都参加了体育运动，那么相当于控制了体育参与变量，其解释便与之前对社会阶层与健康之间关系的解释一致，在这里便不再赘述。

9.2 主要贡献与研究局限

本书的主要贡献：首先，在理论层面上，本书从"结构主义路径"

（社会阶层）和"个体主义路径"（体育参与）的综合视角出发，分析了在人们的生命历程中，社会阶层与体育参与对健康的双重影响，以及它们之间的深层逻辑关系。这不仅将它们之间的关系解释提升到社会学层面，同时还是对体育社会学领域相关理论的有效补充，更是将其与社会学相衔接的一种全新尝试。其次，从方法层面来看，笔者运用了严格的定量方法，并运用了《中国健康与营养调查》数据库（CHNS 追踪数据），通过分层成长模型，区分了社会阶层下个体的体育参与与健康变化以及差异演变，并在此基础上，深入探讨了人们的体育参与历程在社会阶层与健康之间具有何种作用机制。最后，从研究结论上，本书研究发现了几个不太明显的事实，如：尽管高社会阶层群体比低社会阶层群体的健康状况普遍偏高，但是，如果社会中下层群体坚持参与体育锻炼，那么他们的自评健康状态将会普遍好于处于社会中层而又不参加体育运动的群体。

当然，也应该承认本书的研究局限是显而易见的。第一，从研究资料来说，本书对 CHNS 追踪数据进行整理时，只得到了 1997 年、2000 年、2004 年、2006 年以及 2015 年的有关数据（包括体育参与指标），因此，从年份来看，从 2006 年到 2015 年的跨度较大；第二，从研究方法来说，本书的处理方法还不够深入，未来研究还需要结合更为严谨的处理方法来对本书的研究结果做出进一步的证明；第三，从内容上来说，本书并未跳出个体的职业划分来探讨体育参与的健康效应问题，从而缺乏从其他维度的视角来对其审视的全面性。

本书研究的未来方向：其一，就社会分层的健康效应而言，未来研究还需要跳出个体的不同职业划分，来看不同地区、不同空间以及其他不同维度差异对个体健康的影响；其二，研究人们的生命历程应从跨越整个生命周期的视角来进行分析将更具有权威性，比如：探讨人们早期的体育参与是否能够显著影响他们在成年期后社会分层下的健康回报现象，这可能是一个非常值得研究的主题；其三，进一步区分多重时间维度，比如，年龄、时期以及时代，从而来区分体育参与对健康影响的年龄差异等问题。

参 考 文 献

一、图书文献

［1］陈纪方．社会心理学教学参考资料选集［M］．郑州：河南人民出版社，1986.

［2］戴维·波普．社会学［M］．北京：中国人民大学出版社，1999.

［3］董德朋．公共体育资源配置及居民幸福的健康社会学机制［M］．北京：人民体育出版社，2023.

［4］董德朋．黄河流域体育文化公园游憩空间构建的生态模式研究［M］．北京：经济科学出版社，2023.

［5］季浏．体育与健康［M］．上海：华东师范大学出版社，2011.

［6］李春玲．断裂与碎片：当代中国社会阶层分化实证分析［M］．北京：社会科学文献出版社，2005.

［7］李璐璐．再生产的延续：制度转型与城市社会分层结构［M］．北京：中国人民大学出版社，2003.

［8］李培林，李强，孙立平．中国社会分层［M］．北京：社会科学文献出版社，2004.

［9］李强．转型时期的中国社会分层结构［M］．哈尔滨：黑龙江人民出版社，2002.

［10］李强．转型时期中国社会分层［M］．沈阳：辽宁教育出版社，2004.

［11］卢元镇．社会体育导论［M］．北京：高等教育出版社，2004.

［12］陆学艺．当代中国社会阶层研究报告［M］．北京：社会科学文献出版社，2002.

［13］马克斯·韦伯．经济与社会［M］．林荣远，译．北京：商务

印书馆，1997.

［14］迈克尔·希尔.理解社会政策［M］.北京：商务印书馆，2003：103－137.

［15］毛泽东.体育之研究［M］.北京：人民体育出版社，1979.

［16］乔纳森·特纳.情感社会学［M］.上海：上海人民出版社，2007.

［17］曲鲁平，孙伟，刘洪俊.体教融合背景下学校体育教学改革的研究［M］.天津：天津社会科学院出版社，2024.

［18］曲鲁平.我国青少年体质健康促进模型构建与运动干预研究［M］.北京：人民体育出版社，2021.

［19］涂尔干.社会分工论［M］.梁东，译.北京：生活·读书·新知三联书店，2013.

［20］马克斯·韦伯.马克斯：韦伯社会学文集［M］.北京：人民出版社，2010.

［21］韦伯斯特.韦氏大词典［M］.北京：商务印书馆，2014：526－527.

［22］吴忠民.走向公正的中国社会［M］.济南：山东人民出版社，2008.

［23］于炳贵.中国特色社会主义和谐社会建设［M］.北京：中共中央党校出版社，2006.

［24］张力为，毛志雄.运动心理学［M］.上海：华东师范大学出版社，2003.

［25］郑杭生.社会学概论新修［M］.北京：中国人民大学出版社，2003.

［26］郑杭生.社会学高论新修（第三版）［M］.北京：中国人民大学出版社，2002.

［27］马克思恩格斯选集（第一卷）［M］.北京：人民出版社，1995.

［28］中国群众体育现状调查课题组.中国群众体育现状调查与研究［M］.北京：北京体育大学出版社，2005.

［29］周怡.社会分层的理论逻辑［M］.北京：中国人民大学出版社，2016.

［30］Bourdieu P. Distinction：A social Critique of the Judgmentof Taste ［M］. London：Routledge，1994.

［31］Cockerham W C. The New Blackwell Companion to Medical Sociology ［M］. Willey：Blackwell，2014.

［32］Collins M，Kay T. Sport and social exclusion ［M］. London：Routledge，2003.

［33］Frey B S，Stutzer A. Happiness and economics：How the economy and institutions affect human well-being ［M］. Princeton University Press，2010.

［34］Jones S G. Sport，politics and the working class ［M］. Manchester：Manchester University Press，1992.

［35］Link B G，Phelan J C. Evaluating the fundamental cause explanation for social disparities in health. In Handbook of medical sociology fifth edition ［M］. NJ：Prentice-Hall，2000.

［36］McIntosh P C，Charlton V. The impact of sport for all policy （1966—1984）［M］. London：Sports Council，1985.

［37］Putnam R D，Leonardi R，Nonetti R Y. Making democracy work：civic traditions in modern Italy ［M］. Princeton：Princeton University Press，1994.

［38］Raudenbush S W. Bryk A S. Hierarchical linear models：Applications and data analysis methods ［M］. London：International Education and Professional Publisher，2002.

［39］Singer J D，Willett J B. Applied longitudinal data analysis：Modeling change and event Occurrence ［M］. New York：Oxford University Press，2003.

［40］Thorstein V. The theory of leisure class：An economic study of institution ［M］. Boston：Houghton Mifflin，1899.

［41］Veblen. The theory of the leisure class ［M］. New York：Mentor，1953.

二、中文期刊

［1］蔡赓，季浏，苏坚贞．中小学生体育锻炼感觉和体育运动动

机与心理健康关系的研究 [J]. 心理科学, 2004, 27 (4): 844 - 846.

[2] 陈丛刊, 王思贝. 新时代党建工作引领体育社会组织发展内在逻辑和实现路径 [J]. 体育文化导刊, 2021, 39 (12): 47 - 52, 65.

[3] 陈冀杭、汤国杰. 基于社会分层理论的城市居民体育锻炼行为特征分析——以杭、宁、温三城市为例 [J]. 成都体育学院学报, 2009, 35 (9): 16 - 19, 34.

[4] 陈朋. 体育运动对人体健康的影响 [J]. 科技视野, 2012 (29): 116.

[5] 陈鹏. 经典三大传统社会分层观比较——以"谁得到了什么"和"为什么得到"为分析视角 [J]. 社会科学管理与评论, 2011 (3): 85 - 91, 112.

[6] 陈荣, 肖婷, 阳国诚. 高校体育院系服务大众科学健身多元模式的构建 [J]. 武汉体育学院学报, 2017, 51 (7): 96 - 100.

[7] 陈曙, 王京琼. 体育参与对农村留守儿童身心健康的干预研究 [J]. 武汉体育学院学报, 2016, 50 (9): 93 - 100.

[8] 陈正. 我国社会不同阶层体育休闲活动的特征 [J]. 武汉体育学院学报, 2005, 39 (6): 10 - 13.

[9] 仇军, 杨涛. 体育与社会资本研究述评 [J]. 体育学科, 2012, 19 (5): 14 - 21.

[10] 董德龙, 于永平, 梁红梅. 全民健身与绿色生态协调发展的时空特征与空间集聚——基于省级数据 (2011—2015) 的协调度研究 [J]. 成都体育学院学报, 2019, 45 (4): 47 - 53.

[11] 董德朋. 生命历程视角下居民体育参与打破了健康的阶层不平等吗? ——基于 CHNS 追踪调查的纵向分析 [J]. 上海体育学院学报, 2021, 45 (8): 73 - 86.

[12] 董德朋, 汪毅. 助力中国航天: 微重力环境运动应对理论与实践探索 [J]. 体育科学, 2022, 42 (9): 55 - 71.

[13] 董德朋, 袁雷, 韩义. 基于 ArcGIS 的城市中心城区公共体育服务空间: 结构, 问题与策略——以长春市为例 [J]. 上海体育学院学报, 2017, 41 (6): 10 - 16.

[14] 郭冬冬, 王沐实. 中国残疾人体育行为机制的理论模式探析 [J]. 湖北体育科技, 2015, 34 (2): 122 - 124.

[15] 郭慧玲. 由心至身: 阶层影响身体的社会心理机制 [J]. 社会, 2016, 36 (2): 146-166.

[16] 韩秋红. 社会分层与体育锻炼关系的实证研究——一部分城市为例的回归模型验证 [J]. 广州体育学院学报, 2015, 35 (1): 4-9.

[17] 胡安宁. 教育能否让我们更健康 [J]. 中国社会科学, 2014 (5): 116-130.

[18] 胡建国, 李伟, 蒋丽平. 中国社会阶层结构变化及趋势研究——基于中国社会流动变化的考察 [J]. 行政管理改革, 2019 (8): 58-66.

[19] 胡小勇, 李静, 芦学璋, 等. 社会阶层的心理学研究: 社会认知视角 [J]. 心理科学, 2014, 37 (6): 1509-1517.

[20] 黄亚玲, 郭静. 基层体育社会组织——自发性健身活动站点的发展 [J]. 北京体育大学学报, 2014, 37 (9): 10-16, 49.

[21] 霍芹, 何万斌. 社区居民的体育参与及其与心理健康效益的关系研究 [J]. 台州学院学报, 2007, 29 (3): 80-84.

[22] 季树宇, 王晓林, 秦新敏. 阶层、代际、空间: 体育运动对中国"人类发展指数"的影响 [J]. 上海体育学院学报, 2023, 47 (11): 68-78.

[23] 姜晓萍, 田昭. 授权赋能: 党建引领城市社区治理的新样本 [J]. 中共中央党校 (国家行政学院) 学报, 2019, 23 (5): 64-71.

[24] 焦开山. 健康不平等音响因素研究 [J]. 社会学研究, 2014 (5): 24-46.

[25] 李辉, 于鸿宁. 新媒体使用与社会阶层认同偏移——基于CGSS 数据的实证研究 [J]. 吉林大学社会科学学报, 2024, 64 (4): 204-218, 240.

[26] 李强. 职业共同体: 今日中国社会整合之基础——论"杜尔克姆主义"的相关理论 [J]. 学术界, 2006 (3): 36-53.

[27] 李婷, 张闫龙. 出生列队效应下老年人健康指标的生长曲线及其城乡差异 [J]. 人口研究, 2014, 38 (2): 18-35.

[28] 梁玉成, 鞠牛. 社会网络对健康的影响模式的探索性研究——基于网络资源和个体特征的异质性 [J]. 山东社会科学, 2019 (5): 57-64.

［29］刘刚.浅议体育行为学［J］.昭乌达蒙族师专学报（自然科学版），2001，22（6）：51－52.

［30］刘海燕，于秀.关于运动参与概念的研究［J］.沈阳体育学院学报，2005，24（1）：79－80.

［31］刘欣.中国城市的阶层结构与中产阶层的定位［J］.社会学研究，2007（6）：1－14.

［32］刘一民.关于创建体育行为学的构想［J］.体育科学，1990（2）：82－83.

［33］刘一民，刘翔.现代本体论视界中的体育本体探源［J］.北京体育大学学报，2016，39（5）：110－113.

［34］刘远祥，毛德伟.科学健身服务平台的建设及运行机制研究——以山东省科学健身中心为例［J］.山东体育学院学报，2017，33（6）：1－4.

［35］刘仲翔.健康责任与健康公平［J］.甘肃社会科学，2006（4）：110－114.

［36］卢元镇.中国知识分子健康与体育参与状况评析［J］.山东体育学院学报，2003，19（57）：1－4.

［37］吕树庭.社会结构分层视野下的体育大众化［J］.天津体育学院学报，2006，21（2）：93－98.

［38］吕中凡，刘培琳.不同体育参与行为对大学生群体心理健康状况的影响［J］.辽宁师范大学学报（自然科学版），2013，36（2）：295－298.

［39］马亚娜，刘艳.不同社会阶层人群的健康水平、健康相关行为及卫生服务利用的不平等趋势研究［J］.中国社会医学，国外医学（社会医学分册），2004，21（1）：4－9.

［40］满江虹.中国居民社会认知与自感健康关系研究——体育参与的中介效应［J］.武汉体育学院学报，2017，51（9）：95－100.

［41］孟琴琴，张拓红.健康自评指标研究进展［J］.中国预防医学杂志，2010，7：750－752.

［42］欧阳灵伦.《体育行为学》评介［J］.体育世界，1994，47（4）：47.

［43］裴德超，高鹏飞.农民工子女身心健康与体育参与行为的研

究 ［J］. 体育与科学，2013，34（1）：94 - 98.

［44］彭大松. 体育锻炼中的社会分层：现象、机制与思考 ［J］. 体育科学，2012，32（5）：24 - 33.

［45］邱慧娟，雷鹏，徐玲，等. 自感健康研究进展 ［J］. 中国健康教育，2010，26（7）：533 - 536.

［46］曲鲁平，孙伟，杨凤英，等. 体教融合视域下体育传统特色学校协同联动组织机制的构建 ［J］. 武汉体育学院学报，2021，55（10）：63 - 69，85.

［47］饶克勤. 健康不公平及其全球发展趋势 ［J］. 中国医院，2004，8（1）：35 - 38.

［48］孙其昂，李向健. 中国城乡居民自感健康与社会分层——基于（CGSS）2008 年的一项实证研究 ［J］. 统计与信息论坛，2013，28（12）：78 - 83.

［49］孙淑慧，王广虎. 社会各阶层体育态度与行为调查报告 ［J］. 成都体育学院学报，2002，28（5）：1 - 5.

［50］孙淑慧，王广虎，舒为平，等. 我国城市休闲体育市场的消费阶层分析及发展对策 ［J］. 北京体育学院学报，2004，27（11）：1460 - 1461.

［51］田恩庆，仇军，方震平，等. "5·12"灾后重建中体育参与对个体社会资本和身体健康的影响 ［J］. 成都体育学院学报，2014，40（11）：43 - 49.

［52］田虹，杨洋，刘英.5 大社会阶层体育消费意愿和行为的比较研究 ［J］. 北京体育大学学报，2014，37（10）：51 - 55.

［53］汪俊，黄昆仑，秦豫璠. 深圳基本公共体育服务均等化现状与推进措施 ［J］. 山东体育学院学报，2017，33（2）：22 - 26.

［54］汪小红. 论农村场域的惯习和资本——兼论农村的内部权力结构 ［J］. 大连海事大学学报（社会科学版），2012，11（2）：71 - 75.

［55］汪毅，董德龙. 中国航天体育科学的发展脉络与研究路向 ［J］. 北京体育大学学报，2023，46（8）：97 - 111.

［56］王甫勤. 地位束缚与生活方式转型——中国个社会阶层健康生活方式潜在类别研究 ［J］. 社会学研究，2017（6）：117 - 140，144 - 145.

［57］王甫勤. 社会经济地位、生活方式与健康不平等 ［J］. 社会，

2012 (2)：125 – 143.

[58] 王甫勤. 社会流动有助于降低健康不平等吗 [J]. 社会学研究，2011 (2)：78 – 101.

[59] 王红漪. 运动与心理健康研究综述 [J]. 经济研究导刊，2011，36 (146)：324 – 325.

[60] 王曲，刘民权. 健康的价值及若干决定因素：文献综述 [J]. 经济学（季刊），2005 (4)：1 – 52.

[61] 魏众. 健康对非农就业及其工资决定的影响 [J]. 经济研究，2004 (2)：64 – 74.

[62] 徐波，季浏，祝蓓里，等. 运用 POMS 指数评价我国城市成年居民心境状态的研究 [J]. 体育科学，2003，23 (4)：28 – 32.

[63] 徐士韦. 澳大利亚大众体育政策的演进述析 [J]. 沈阳体育学院报，2016，35 (6)：6 – 13.

[64] 许玮，朱建勇. 体育参与阶层化趋势及其影响因素 [J]. 体育学研究，2020，34 (1)：77 – 86.

[65] 闫华. 中日韩三国举办奥运会前后有关大众体育政策法规研究 [J]. 北京体育大报，2010，33 (6)：18 – 21.

[66] 杨忠. 新疆少数民族大学生体育行为的调查与分析 [J]. 和田师范专科学校学报，2015 (7)：112 – 113.

[67] 姚磊，田雨普，谭明义. 村落农民体育参与者的价值取向：基于社会分层视角的分析——安徽省小岗村、小井庄和落儿玲三村的实证研究 [J]. 天津体育学院学报，2010，25 (3)：210 – 213.

[68] 于永慧. 参加大众体育与个人社会网络的关系分析——和其他休闲活动类型相比较 [J]. 天津体育学院学报，2005，20 (6) 60 – 62.

[69] 于永慧，林勇虎. 关于社会网络和社会支持网在体育领域研究中的新视角述评和探析 [J]. 福建体育科技，2003，22 (3)：3 – 5.

[70] 曾智. 省域社会资本变化对居民健康影响的实证分析 [J]. 统计与决策，2019 (10)：104 – 106.

[71] 翟华楠. 武汉市亚体育人口社会分层特征研究 [J]. 沈阳体育学院学报，2013，32 (2)：63 – 66.

[72] 张启高. 北京奥运赛事传播对长沙市大学生受众体育行为的影响研究 [J]. 考试周刊，2014，34 (5)：107.

［73］张文宏. 城市居民社会网络资本的阶层差异［J］. 社会，2005（4）：64 – 81.

［74］张晓媚，夏姮明，卢思萌. 科学健身个性化指导体系的研究与应用［J］. 北京体育大学学报，2009，32（11）：31 – 34.

［75］赵胜国，金涛，邰崇禧. 社会分层视角下中小城市新市民体育锻炼与消费特征分析［J］. 中国体育科技，2015，51（6）：10 – 16.

［76］赵胜国，王凯珍，邰崇禧，等. 基于社会分层视野下的城镇居民体育消费观特征研究［J］. 体育科学，2019，39（5）：39 – 50.

［77］郑莉，曾旭晖. 社会分层与健康不平等的性别差异——基于生命历程的纵向分析［J］. 社会，2016，36（6）：209 – 236.

［78］周洁友，裴立新. 社会资本：全民健身运动功能的一个研究视角［J］. 体育科学，2008，28（5）：18 – 23.

［79］周结友. 体育社会组织承接政府职能转移中存在的问题及对策［J］. 体育学刊，2014，21（5）：36 – 42.

［80］周扬，於嘉，谢宇. 择偶偏好中的性别差异和社会阶层异质性——基于选择实验法的探索［J］. 社会学研究，2023，38（6）：107 – 130，228 – 229.

［81］朱二刚. "职场竞争"视角下社会体育指导员职业化发展研究［J］. 吉林体育学院学报，2015，31（2）：24 – 28.

［82］朱健刚，王瀚. 党领共治：社区实验视域下基层社会治理格局的再生产［J］. 中国行政理，2021，37（5）：6 – 14.

［83］诸杰. 影响我国大学生心理健康状况的因素及其干预对策的研究［J］. 西安体育学院学报，2001，20（1）：111 – 113.

三、英文期刊

［1］Aaron R. Social stratification, gender and sport participation［J］. Soc Res Online, 2012, 17（2）：1 – 17.

［2］Abel T, William C C, Steffen N. A Critical Approach to Lifestyle and Health［J］. In J. Watson & S. Platt（eds）. Researching Health Promotion. New York：Routledge, 2000.

［3］Adler N E, Rehkopf D H. US disparities in health：Descriptions, causes, and mechanisms［J］. Annual Review of Public Health, 2008, 29：

235 - 252.

[4] Adler N E, Stewart J. Health disparities across the lifespan: Meaning, methods, and mechanisms [J]. Annals of the New York Academy of Sciences, 2010, 1186: 5 - 23.

[5] Ajzen I. The theory of planned behavior [J]. Organizational Behavior Decision Processes, 1991, 50 (2): 179 - 211.

[6] Aleksandra J V, Jankovic J, Vasic V, et al. Self - Perceived health and psychological well-being among Serbian schoolchildren and adolescents: Data from national health survey [J]. Central European Journal of Medicine, 2011, 6 (4): 400 - 406.

[7] Bailey R B. The relationship between physical education, sport and social inclusion [J]. Education on Review, 2005, 57 (1): 71 - 90.

[8] Baron R, Kenny D. The moderator-mediator variable distinction in social psychological research: Conceptual, strategic, and statistical considerations [J]. Journal of Personality and Social Psychology, 1986, 51 (6): 1173 - 1182.

[9] Bertozzi N, Vitali P, Binkin N, et al. "Quality of life" of the elderly population: A survey to evaluate elderly people's self-perceived health in 11 Italian regions (Argento Study, 2002) [J]. Lgienee Sanita Pubblica, 2005, 61 (6): 545 - 559.

[10] Biddle, J E. Hamermesh D S. Sleep and the allocation of time [J]. Journal of Political Economy, 1990, 98 (5): 922 - 943.

[11] Bourdieu I. Distinction: A social critique of the judgement of taste [J]. European Legacy, 2013, 18 (3): 374 - 375.

[12] Bourdieu P. Social space and symbolic power [J]. Soc Theory, 1989, 7 (1): 14 - 25.

[13] Braveman P. Health disparities and health equity: Concepts and measurement [J]. Annual Review of Public Health, 2006, 27 (27): 167 - 194.

[14] Bromberger J T, Schott L L, Avis N E, et al. Psychosocial and health-related risk factors for depressive symptom trajectories among midlife women over 15 years: Study of Women's Health Across the Nation (SWAN)

[J]. Psychological Medicine, 2019, 49 (2): 250 – 259.

[15] Burnet T. Building social capital through an active community club [J]. International Review for The Sociology of Sport, 2006, 41 (1): 283 – 294.

[16] Cai J, Coyte P C, Zhao H. Determinants of and socio-economic disparities in self-rated health in China [J]. International Journal for Equity in Health, 2017, 16: 1 – 27.

[17] Chandola T, Brunner E, Marmot M G. Chronic stress at work and the metabolic syndrome: prospective study [J]. British Medical Journal, 2006, 332 (7540): 521 – 525.

[18] Chen E, Miller G E. Socioeconomic status and health: Mediating and moderating factors [J]. Annu Rev Clinical Psychology, 2013, 9: 723 – 749.

[19] Chen, F N, Yang Y, Liu Gy. Social change and socioeconomic disparities in health over the life course in china: A cohort analysis [J]. American Sociological Review, 2010, 75 (1): 126 – 150.

[20] Christenson B A, Johnson N E. Educational inequality in adult mortality: An assessment with death certificate data from Michigan [J]. Demography, 1995, 32 (2): 215 – 229.

[21] Collins E, Klein R. Equity and NHS: Self-reported morbidity, access and primary care [J]. Britain Medicine Journal, 1980 (281): 6248.

[22] Crimmins, Eileen M, Kim J K, et al. Life with and without Disease: Women experience more of both [J]. Journal of Women & Aging, 2002, 14: 47 – 59.

[23] Culter D M, Lleras – Muney A. Understanding differences in health behaviors by education [J]. Journal of Health Economics, 2010, 29 (1): 1 – 28.

[24] Cundiff J M, Boylan J M, Pardini D A, et al. Moving up matters: Socioeconomic mobility prospectively predicts better physical health [J]. Health Psychol, 2017, 36: 609 – 617.

[25] Cutler D M, Richardson E, Keeler T E, et al. Measuring the health of the U. S population [J]. Microeconomics, 1997: 217 – 282.

［26］ Daniel L P C, Diana G G, Maria ELTE. The social class gradient in health in Spain and the health status of the Spanish Roma ［J］. Ethnicity & Health, 2016, 21 (5): 468 –479.

［27］ Diprete T A, Eirich G M. Cumulative advantage as a mechanism for inequality: A review of theoretical and empirical developments ［J］. Annual Review of Sociology, 2006, 32: 271 –297.

［28］ Dohrenwend B P, Itzhak L, Patrick E, et al. Socioeconomic Status and Psychiatric Disorders: The Causation – Selection Issue ［J］. Science, 1992, 255: 946 –952.

［29］ Dubois D, Rucker D D, Galinsky A D. Social class, power, and selfishness: When and why upper and lower class individuals behave unethically ［J］. Journal of personality and social psychology, 2015, 108 (3): 436 –449.

［30］ Du S F, Lu B, Zhai F Y, et al. A New stage of the nutrition transition in China ［J］. Public Health Nutrition, 2002, 5 (1a): 169 –174.

［31］ Elgar F J, Avis C G, Wohl M J. Social capital, health and life satisfaction in 50 countries ［J］. Health & Place, 2011, 17 (5): 1044 – 1053.

［32］ Ferraro K F, Melissa M. Utility of Health data from social surveys: Is there a gold standard for measuring morbidity? ［J］. American Sociological Review, 1999, 64 (2): 303 –315.

［33］ Ferrer, R A. William M P K. Risk Perceptions and Health Behavior ［J］. Current Opinion in Psychology, 2015, 5: 85 –89.

［34］ Ferro K F. Self-rating of health among the old and the old-old ［J］. Journal of Health and Social Behavior, 1980, 21 (4): 377 –383.

［35］ Fitzpatrick T, Rosella L C, Calzavara A, et al. Looking beyond income and education: Socioeconomic status gradients among future high-cost users of health care ［J］. American Journal of Preventive Medicine, 2015, 49 (2): 161 –171.

［36］ Fogel R W. Economic growth, population theory and phycology: The bearing of long-term processes on the making of economic policy ［J］. American Economic Review, 1994, 84 (3): 369 –395.

[37] Fox K R. The influence of physical activity on mental well-being [J]. Canadian Medical Association Journal, 2006, 175 (7): 396 – 403.

[38] Friestad C, Klepp K I. Socioeconomic status and health behaviour patterns through adolescence: Results from a prospective cohort study in Norway [J]. European Journal of Public Health, 2006, 16 (1): 41 – 47.

[39] George L K. Socioeconomic status and health across the life course: Progress and prospects [J]. Journal of Gerontology Series B: Psychological Science and Social Sciences, 2005, 60 (Special 2): 135 – 139.

[40] Gilbert P A. Discrimination and drinking: A systematic review of the evidence [j]. Social Science and Medicine, 2016, 161: 178 – 194.

[41] Gilmore A B, McKee M, Rose R. Determinants of inequalities in self-perceived health in Ukraine [J]. Social Science and Medicine, 2002, 55 (12): 2177 – 2188.

[42] Harman D. The aging process [J]. Proceedings of the National Academy of Sciences of the United States of America, 1981, 78 (11): 7124 – 7128.

[43] Holzer C E, Brent M, Shea J W, et al. The increased risk for specific psychiatric disorders among persons of low socioeconomic status [J]. American Journal of Social Psychiatry, 1986, 6 (4): 259 – 271.

[44] House J S, James M, Lepkowski A M, et al. The social stratification of aging and health [J]. Journal of Health and Social Behavior, 1994, 35 (3): 213 – 234.

[45] Idler E L, Benyamini Y. Self-rated Health and mortality: A review of twenty – Seven community studies [J]. Journal of Health and Social Behavior, 2018, 38 (1): 21 – 37.

[46] Kaljee L, Chen X G. Social capital and risk and protective behaviors: A global health perspective [J]. Adolescent Health, Medicine and Therapeutics, 2011, 2: 113 – 122.

[47] Kessler R C, Cindy L, Foster W B, et al. Social consequences of psychiatric disorders, I: Educational Attainment [J]. American Journal of Psychiatry, 1995, 152 (7): 1026 – 1032.

[48] Khan K M, Thomfson A M, Blair S N, et al. Sport and exercise

as contributors to the health of nations [J]. Lancet, 2012, 380 (9836): 59 – 64.

[49] Kim J, Durden E. Socioeconomic status and age trajectories of health [J]. Social Science and Medicine, 2007, 65 (12): 2489 – 2502.

[50] Kraus M W, Côté S, Keltner D. Social class, contextualism, and empathic accuracy [J]. Psychological Science, 2010, 21 (11): 1716 – 1723.

[51] Kraus M W, Piff P K, Mendoza-denton R, et al. Social class, solipsism, and contextualism: How the rich are different from the poor. Psychological Review, 2012, 119 (3): 546 – 572.

[52] Lanb K L, Roberts K, Brodie D A. Self-perceived health among sports participants and non-sports participants [J]. Social science & medicine, 1990, 31 (9): 963 – 969.

[53] Lindström M. Social capital and health-related behaviors [J]. Social Capital and Health, 2008: 215 – 238.

[54] Link B G, Phelan J C. Social conditions as fundamental causes of disease [J]. Journal of Health and Social Behavior, 1995, 35: 80 – 94.

[55] Maarten M, Jeroen S. Social determinants of sports participation revisited: The role of socialization and symbolic trajectories [J]. European Journal for Sport and Society, 2004, 1 (1): 35 – 49.

[56] Manstead A S R. The psychology of social class: How socioeconomic status impacts thought, feelings, and behavior [J]. British Journal of Social Psychology, 2018, 57 (2): 267 – 291.

[57] Marmot M G, Shipley M J, Rose G. Inequalities in death: Specific explanations of a general pattern? [J]. Lancet, 1984, 323 (8384): 1003 – 1006.

[58] Mayer K U. New directions in life course research [J]. Annual Review of Sociology, 2009, 35: 413 – 433.

[59] Mckercher C M, Schmidt M D, Schmidt K A. Physical Activity and Depression in Young Adults [J]. American Journal of Preventive Medicine, 2009, 36: 161 – 164.

[60] Merton, R K. The matthew effect in science [J]. Science,

1968, 159（3810）：56 – 63.

［61］ Mirowsky J, Ross C E. Education, personal control, lifestyle and health: A human capital hypothesis ［J］. Research on Aging, 1998, 20（4）：415 – 449.

［62］ Morris L J. , Este C D, Sargent – Cox K, et al. Concurrent lifestyle risk factors: Clusters and determinants in an Australian sample ［J］. Preventive Medicine, 2016, 84：1 – 5.

［63］ O'Rand A M. The precious and the precocious: Understanding cumulative disadvantage and cumulative advantage over the life course ［J］. The gerontologist, 1996, 36（2）：230 – 238.

［64］ Pearlin L I, Lieberman M A, Menaghan E G, et al. The Stress Process ［J］. Journal of Health and Social, 1981, 22（4）：337 – 356.

［65］ Peterson R A. Understanding audience segmentation: From elite and mass to omnivore and univore ［J］. Poetics, 1992, 21（4）：243 – 258.

［66］ Piperno A, Ferdinando DO. Social Differences in health and utilization of health service in Italy ［J］. Social Science and Medicine, 1990, 31（3）：305 – 312.

［67］ Powell, L M, Slater S, Chaloupka FJ, et al. Availability of physical activity-related facilities and neighborhood demographic and socioeconomic characteristics: A national study ［J］. American Journal of Public Health, 2006, 96（9）：1676 – 1680.

［68］ Roller L, Jenny G. Disease state management: Illness behavior, the sick role. Adherence and the pharmacist ［J］. Australian Journal of Pharmacy, 2010, 91（1087）：60 – 64.

［69］ Roshchina, Y. Health-related lifestyle: Does social inequality matter? ［J］. Journal of Economic Sociology – Ekonomicheskaya Sotsiologiya, 2016, 17（3）：13 – 36.

［70］ Ross C E, Chloe EB. Sex stratification and health lifestyle: Consequences for men's and women's perceived health ［J］. Journal of Health and Social Behavior, 1994, 35（2）：161 – 178.

［71］ Ross C E, Wu C L. Education, age, and the cumulative advantage in health ［J］. Journal of Health and Social Behavior, 1996, 37（1）：

104 – 120.

［72］ Rubin M, Denson N, Kilpatrick S, et al. "I Am Working – Class" subjective self-definition as a missing measure of social class and socioeconomic status in higher education research ［J］. Educational Researcher, 2014, 43 (4): 196 – 200.

［73］ Sancakoğlu M, Sayar K. Relation between socioeconomic status and depression, anxiety, and self-esteem in early adolescents ［J］. Yeni Symposium, 2012, 50 (4): 207 – 220.

［74］ Scheerder, Jeroen, Vanreusel, et al. Stratification Patterns of Active Sport Involvement among Adults: Social Change and Persistence ［J］. International Reviewfor the Sociology of Sport, 2005, 40 (2): 139 – 162.

［75］ Sharma S, Durand R, Gur – Arie O. Identification and analysis of moderator variables ［J］. Journal of Marketing Research, 1981, 18 (3): 291 – 300.

［76］ Sidorchuk A, Goodman A, Koupil I. Social class, social mobility and alcohol-related disorders in Swedish men and women: A study of four generations ［J］. PLoS ONE, 2018, 13 (2): 1 – 19.

［77］ Skalamera J. Hummer RA. Educational attainment and the clustering of Health-related behavior among U. S. Young Adults ［J］. Preventive Medicine, 2016, 84: 83 – 89.

［78］ Smith KV, Goldman N. Socioeconomic differences in health among older adults in Mexico ［J］. Soc Sci Med, 2007, 65: 1372 – 1385.

［79］ Smith P, Frank J, Mustard C. Trends in educational inequalities in smoking and physical activity in Canada ［J］. Journal of Epidemiology & Community Health, 2009, 63 (3): 317 – 323.

［80］ Sun J B, Wang Y F, Dong D L. Lower limb electromyographic characteristics and implications of taekwondo roundhouse kick "hit" and "miss" actions ［J］. Frontiers in Bioengineering and Biotechnology, 2024, 11: 1258613.

［81］ Taks M, Renson R, Vanreusel B. Social stratification in sport: A matter of money or taste ［J］. European Journal For Sport Management, 1995, 2 (1): 4 – 14.

［82］ Tally K G. Culture consumption and social stratification： Leisure activities musical tastes， and social cocation ［J］. Soc Res， 1999， 42 （4）： 627 – 646.

［83］ Vanreusel B， Taks M. Social sports stratification in flanders： 1969 – 1999 intergenerational reproduction of social inequalities ［J］. Int Rev Soc Sport， 2002， 37 （2）： L219 – L245.

［84］ Van T C， Scheerder JA Multilevel analysis of social stratification patterns of leisure-time physical activity among Europeans ［J］. Sci Sport， 2010， 25 （6）： 304 – 311.

［85］ Wang Y F， Dong， D L. Effects of muscle strength in different parts of adolescent standing long jump on distance based on surface electro-myography ［J］. Frontiers in Physiology， 2023， 14： 1246776.

［86］ Wilkinson， Lindsay R， Tetyana P， et al. Does occupational mobility influence health among working women？ Comparing objective and subjective measures of work trajectories ［J］. Journal of Health and Social Behavior， 2012， 53 （4）： 432 – 447.

［87］ Willson A E， Shuey K M， Elder G H. Cumulative advantage processes as Mechanisms of inequality in life course health ［J］. American Journal of Sociology， 2007， 112 （6）： 1886 – 1924.

［88］ Wilson T C. The Paradox of Social Class and Sports Involvement The Roles of Cultural and Economic Capital ［J］. International Review for the Sociology of Sport， 2002， 37 （1）： 5 – 16.

［89］ Wu J， Liu Y L， Rao K Q， et al. Education – Related Gender Differences in Health in Rural China ［J］. American Journal of Public Health， 2004， 94 （10）： 1713 – 1716.

［90］ Xie S Q， Mo T P. The impact of education on health in china ［J］. China Economic review， 2014， 29： 1 – 18.

［91］ Zissi A， Stalidis G. Social class and mental distress in Greek ur-ban communities during the period of economic recession ［J］. Int J Soc Psy-chiatry， 2017， 63 （5）： 459 – 467.

四、学位论文

［1］ 陈永涌. 藏族大学生乐观、社会认同与心理健康的关系：中

介与调节机制研究［D］．西安：陕西师范大学，2015.

［2］董文红．自评健康状况与中国人群心血管病发病及死亡的关联性研究［D］．武汉：华中科技大学，2018.

［3］李旻俊．中韩两国体育政策法规的比较研究［D］．湖南：湖南师范大学，2012.

［4］吕世龙．健康中国视角下菏泽市农村人口体育健身现状及策略研究［D］．牡丹江：牡丹江师范学院，2021.

［5］王建武．社会分层视角下政治信任变迁（2006—2015）——基于中国社会状况综合调查数据的研究［D］．长春：吉林大学，2018.

［6］吴晨曦．高中生体育锻炼与身体意象、社会自我效能感的关系研究［D］．南昌：江西师范大学，2015.

［7］许金红．社会经济地位与健康的关系研究［D］．深圳：深圳大学，2015.

［8］Lee Hong - Goo. Social national university the relationship between participation in sport for all, social network and social support［D］. Seoul：Keimyung University, 2001.

［9］Zheng L. Career trajectories, gender differences and accumulated health disparities over the life course［D］. Mississippi State University, 2013.

五、其他文献

［1］董亚琦，杨博茜，王巧丽，等．初中生锻炼动机、身体自我效能感与体育参与的关系研究［C］//中国心理学会．第二十二届全国心理学学术会议摘要集，2019：2.

［2］人民网．权威发布：十九大报告全文［EB/OL］．（2014 - 10 - 20）. http：//sh. people. com. cn/n2/2018/0313/c134768 - 31338145. html.

［3］孙璇．民众体育消费需求的高涨，全民健身热情何处释放［EB/OL］．（2015 - 01 - 28）. http：//politics. people. com. cn/n/2015/0128/c70731 - 26463066. html.

［4］中华人民共和国国务院新闻办公室．全民健身计划纲要［EB/OL］．（2019 - 07 - 15）. http：//www. scio. gov. cn/xwfbh/xwbfbh/wqfbh/2015/33862/xgzc33869/Document/1458253/1458253. htm.

［5］中华人民共和国中央人民政府. 国务院关于加快发展体育产业促进体育消费的若干意见［EB/OL］.（2014 - 10 - 20）. http：//www. gov. cn/xinwen/2014 - 10/20/content_2767791. htm.

［6］中华人民共和国中央人民政府. 健康中国行动（2019 - 2030）［EB/OL］.（2019 - 07 - 15）. http：//www. nhc. gov. cn/guihuaxxs/s3585u/201907/e9275fb95d5b4295be8308415d4cd1b2. shtml.

［7］Csikszentmihalyi M, Wong M. The situational and personal correlates of happiness：A cross-national comparison［A］//Strack F Argyle M & Schwartz N, Eds. The social psychology of subjective well-being［C］. London：Pergamon Press, 1991：193 - 212.

［8］Lowry D, Xie Y. Socioeconomic status and health differential in china：Convergence or divergence at older ages［Z］. Population Studies Center Research Report, 2009：1 - 25.

［9］World Health Organization. Closing the gap in generation：Health equity through action on the social determinants of health［R］. Geneva：WHO, 2008. http：//politics. people. com. cn/n/2015/0128/c70731 - 26463066. html.

附　　录

1997 年所有变量信息情况统计一览表（N = 7290）

变量	操作化	均值	最小值	最大值	标准差
区域	西部地区 = 0 中部地区 = 1 东北地区 = 2 东部地区 = 3	1.272	0	3	1.111
户籍	农村 = 0 城市 = 1	0.291	0	1	0.454
性别	女性 = 0 男性 = 1	0.530	0	1	0.499
年龄	单位：岁	38.810	8	87	13.433
婚姻	未婚 = 0 结婚 = 1	0.778	0	1	0.416
教育程度	没上过学 ~ 6 年大学或更多操作化为 0 ~ 36 的连续性变量	17.800	0	36	8.598
人均家庭收入	单位：万元	0.458	- 0.43	5.61	0.387
社会等级	社会中下层 = 0 社会中层 = 1 社会中上层 = 2	0.209	0	2	0.548
社会阶层	行政官员与企业管理者阶层 = 5 高级知识分子阶层 = 4 初中级知识分子阶层 = 3 办事员阶层 = 2 技术工人与服务行业阶层 = 1 农民与非技术工人阶层 = 0	0.660	0	5	1.290

变量	操作化	均值	最小值	最大值	标准差
体育参与	每周体育参与次数（每次锻炼30分钟以上）	0.013	0	1	0.114
体育参与人口	每周参加至少一次体育活动为体育参与人口 =1；其他为非体育参与人口 =0	0.013	0	1	0.114
健康	很差 =1；差 =2；中等 =3；好 =4；很好 =5	3.867	2	5	0.7671

附表 2

2000 年所有变量信息情况统计一览表（N = 5647）

变量	操作化	均值	最小值	最大值	标准差
区域	西部地区 = 0 中部地区 = 1 东北地区 = 2 东部地区 = 3	1.362	0	3	1.091
户籍	农村 = 0 城市 = 1	0.290	0	1	0.454
性别	女性 = 0 男性 = 1	0.532	0	1	0.499
年龄	单位：岁	41.630	13	90	12.817
婚姻	未婚 = 0 结婚 = 1	0.823	0	1	0.382
教育程度	没上过学~6 年大学或更多操作化为 0~36 的连续性变量	18.45	0	36	8.472
人均家庭收入	单位：万元	0.587	−0.090	7.200	0.582
社会等级	社会中下层 = 0 社会中层 = 1 社会中上层 = 2	0.229	0	2	0.571
社会阶层	行政官员与企业管理者阶层 = 5 高级知识分子阶层 = 4 初中级知识分子阶层 = 3 办事员阶层 = 2 技术工人与服务行业阶层 = 1 农民与非技术工人阶层 = 0	0.703	0	5	1.330
体育参与	每周体育参与次数（每次锻炼 30 分钟以上）	0.022	0	1	0.147
体育参与人口	每周参加至少一次体育活动为体育参与人口 = 1；其他为非体育参与人口 = 0	0.022	0	1	0.147
健康	很差 = 1；差 = 2；中等 = 3；好 = 4；很好 = 5	3.779	2	5	0.746

附表3

2004 年所有变量信息情况统计一览表（N = 5117）

变量	操作化	均值	最小值	最大值	标准差
区域	西部地区 = 0 中部地区 = 1 东北地区 = 2 东部地区 = 3	1.358	0	3	1.113
户籍	农村 = 0 城市 = 1	0.336	0	1	0.472
性别	女性 = 0 男性 = 1	0.543	0	1	0.498
年龄	单位：岁	42.800	15	89	12.101
婚姻	未婚 = 0 结婚 = 1	0.870	0	1	0.337
教育程度	没上过学~6 年大学或更多操作化为 0~36 的连续性变量	20.17	0	35	8.003
人均家庭收入	单位：万元	0.821	−0.390	8.880	0.882
社会等级	社会中下层 = 0 社会中层 = 1 社会中上层 = 2	0.283	0	2	0.629
社会阶层	行政官员与企业管理者阶层 = 5 高级知识分子阶层 = 4 初中级知识分子阶层 = 3 办事员阶层 = 2 技术工人与服务行业阶层 = 1 农民与非技术工人阶层 = 0	0.867	0	5	1.421
体育参与	每周体育参与次数（每次锻炼30 分钟以上）	0.082	0	5	0.386
体育参与人口	每周参加至少一次体育活动为体育参与人口 = 1；其他为非体育参与人口 = 0	0.063	0	1	0.245
健康	很差 = 1；差 = 2；中等 = 3；好 = 4；很好 = 5	3.756	2	5	0.751

附表 4

2006 年所有变量信息情况统计一览表（N = 5305）

变量	操作化	均值	最小值	最大值	标准差
区域	西部地区 = 0 中部地区 = 1 东北地区 = 2 东部地区 = 3	1.409	0	3	1.094
户籍	农村 = 0 城市 = 1	0.332	0	1	0.471
性别	女性 = 0 男性 = 1	0.541	0	1	0.498
年龄	单位：岁	43.880	17	91	11.988
婚姻	未婚 = 0 结婚 = 1	0.887	0	1	0.317
教育程度	没上过学 ~ 6 年大学或更多操作化为 0 ~ 36 的连续性变量	20.15	0	36	8.676
人均家庭收入	单位：万元	0.968	− 0.190	27.220	1.347
社会等级	社会中下层 = 0 社会中层 = 1 社会中上层 = 2	0.265	0	2	0.602
社会阶层	行政官员与企业管理者阶层 = 5 高级知识分子阶层 = 4 初中级知识分子阶层 = 3 办事员阶层 = 2 技术工人与服务行业阶层 = 1 农民与非技术工人阶层 = 0	0.836	0	5	1.356
体育参与	每周体育参与次数（每次锻炼30 分钟以上）	0.090	0	6	0.430
体育参与人口	每周参加至少一次体育活动为体育参与人口 = 1；其他为非体育参与人口 = 0	0.064	0	1	0.225
健康	很差 = 1；差 = 2；中等 = 3；好 = 4；很好 = 5	3.757	2	5	0.750

附表 5

2015 年所有变量信息情况统计一览表（N = 5438）

变量	操作化	均值	最小值	最大值	标准差
区域	西部地区 = 0 中部地区 = 1 东北地区 = 2 东部地区 = 3	1.563	0	3	1.202
户籍	农村 = 0 城市 = 1	0.436	0	1	0.496
性别	女性 = 0 男性 = 1	0.560	0	1	0.496
年龄	单位：岁	45.600	18	86	12.050
婚姻	未婚 = 0 结婚 = 1	0.897	0	1	0.303
教育程度	没上过学 ~ 6 年大学或更多操作 化为 0 ~ 36 的连续性变量	23.950	0	36	7.282
人均家庭收入	单位：万元	2.687	− 7.81	113.21	4.116
社会等级	社会中下层 = 0 社会中层 = 1 社会中上层 = 2	0.442	0	2	0.712
社会阶层	行政官员与企业管理者阶层 = 5 高级知识分子阶层 = 4 初中级知识分子阶层 = 3 办事员阶层 = 2 技术工人与服务行业阶层 = 1 农民与非技术工人阶层 = 0	1.339	0	5	1.503
体育参与	每周体育参与次数（每次锻炼 30 分钟以上）	0.502	0	7	0.990
体育参与人口	每周参加至少一次体育活动为体 育参与人口 = 1；其他为非体育 参与人口 = 0	0.358	0	1	0.298
健康	很差 = 1；差 = 2；中等 = 3；好 = 4；很好 = 5	3.683	1	5	0.775